Creation Of Logical Materials Training Book

コンサルタントが
必ず身につける定番スキル

ロジカル資料作成トレーニング

丸 健一 野村総合研究所

日経BP

"残念な資料" がある日常

　あなたは、会社の重要な会議で発表をしている。今日に向けて、部下にも資料作成を依頼し、関連する部門からも資料を取り寄せ、万全の準備をした。資料は30枚を超えていた。

　1枚1枚説明していくが、会議の雰囲気は重い。時間だけが過ぎていき、「発表は以上です。何か質問はありますか?」と発表を締めたが、誰も何も話さない。

　気まずい数十秒の沈黙の後に、最も偉い上司がつぶやいた。「ちょっと量が多すぎて消化不良なんだが、要約するとどういうことなんだろう?」

　あなたは、咄嗟に話し始めるが、返答が要領を得ていないことは自分でも薄々勘付いている。しどろもどろのところに、他の参加者から質問が飛ぶ。「あれはどうなっている?」「この件は話が違うのでは?」

　質問の中には、すでに説明をしたつもりだった項目も含まれており、あなたは「先ほど説明した資料にありますように」と、何度も繰り返して返答をするが、相手の表情はパッとしない。

　結局、時間切れを迎え、あなたは最も偉い上司から「今日は、色々意見が出たから、それを踏まえて資料を分かりやすく数枚にまとめ直してくれ

結論はその後にしよう」と言われて会議は終わった。

　あなたは心の中で戸惑う。資料をどうやってまとめ直していいかが分からない。会議中に出た質問に関係しそうな情報はもうすでに資料に入っている。心の中では、資料をちゃんと読まない相手が悪いと思っている。

　これ以上は自分ではどうしようもないし、再度、部下や他部署に資料作成を依頼するのも億劫だ。言われたからには仕方がない、とりあえず部下に連絡をする。

　「申し訳ないが、例の資料をまとめ直してくれないかな？」部下からは「いいですけど、どう作り直せばいいですか？」と返答があり、あなたは戸惑いながら答える。「うーん、ちょっと分かりにくいからさ、分かりやすくしておいて」

　他部署は部下のようにはいかない。下手に出ながらメールを送ってみたが、返答には「人手が足りていない状況なので、より具体的にどんな資料が欲しいか指示が欲しい」と書いてあった。あなたは、うまくメールが返せないまま困ってメールを打つ手を止める。

　数日後に部下からは、前回の資料に加えて、関連しそうな情報の資料が複数枚送られてきた。資料の枚数はさらに増えていく。果たして、この資料をそのまま使えばいいのか、あなたは判断に迷う。数枚にまとめろと言われて枚数を増やしても読んでくれない気がするが、他に方法も思いつかない。また、同じような会議が繰り返されるのかと思うと、気が重くなる一方だ。

もしかしたら、自分のやり方は、とても非効率なのではないだろうかとふと思う。

　幸いなことに？　こんな日常は、あなたの会社だけでなく、多くの会社で起こっている。筆者は人材育成系の仕事を手がけており、その中のサービスに「資料の添削」というものがある。次期社長・役員から新入社員まで幅広く多様な役職・業種を相手に手がけており、会社や部門のビジョン・方針、新規投資の意思決定、コンペの企画書、事務の手続きのやり方の説明、バックオフィスが人材不足を訴える資料、さらには新入社員の自己紹介資料まで、文字通り会社の上から下まで他人が書いた資料を見てきた。
　筆者の経験の中では、役職に関係なく残念な資料を書いてしまう。社長だろうが、役員だろうが、部長だろうが、課長だろうが、新入社員だろうが、本書を書いている筆者自身も、意味が分からない資料を作り、「要は何が言いたいのかが分からない」残念な状態に陥ることがある。
　そんな状況を作り出す"残念な資料"は会社のそこら中に転がっている。

"残念な資料"には診断が必要

　どうして残念な資料は多いのか？　筆者が資料の添削を通じて分かったことは、多くの人は、資料が陥っている残念な状態を診断するスキルがな

いということだ。何が原因で資料が相手に伝わらないのかを診断できずに新たな資料を作っていては、ただただ残念な資料の枚数だけが増え、状況は一向に改善しない。

　残念な資料には「診断」が必要で、診断内容は大きく３つの種類に分かれる。①何のために書いた資料なのかの目的が曖昧な資料、②結論が書かれていない資料、③結論の根拠が書かれていない資料の３つだ。

　例えば、①自社製品の価格を決めたいという目的の資料であれば、②結論部分には、××円という価格が明記されているはずで、③なぜ××円にするべきかの根拠も書かれているはずだ。３つの要素のどれかが欠けていると、相手には伝わらない。

　より大事なのは、①の目的を明確に定めることだ。何を伝えたいのかが分からない目的のない資料は、読み手を戸惑わせる。会社の中で作られる全ての資料は、最終的には何かしらの判断のもとになるはずだ。にもかかわらず、何を伝えたいのかが分からない目的のない資料を書くと、誰のためにもならない資料を作ることになる。

　目的がない資料が生まれるのは、得てして資料作成の指示を出す側の問題だ。他の部署や自分の部下に対して、そもそも資料を作成する目的が説明できていない。自分でしっかり考えて指示を出すのはとても面倒なので、「とりあえずまとめといて」「あり物でいいから」「概要が分かればいいから」と、その場しのぎの指示を出してしまう。このような指示では、資料の書き手は、本来ならば資料を書き始めることすらできないはずだ。当然、指

示を出す側が、目的を具体化することが求められる。

　目的が明確であっても、結論と根拠を明確に書いていない資料は多い。これは基本的には、資料の書き手側の問題だ。自分の考えを明確に示すことを避けたり、あるいは結論の根拠を考えきれていないと、しっかりと目的に対応する結論と根拠が書けないので、資料には関係のない情報だけが並ぶことになる。

残念な資料といい資料の例

残念な資料の例

　1つ架空の事例を挙げてみよう。あなたは文房具会社に勤めていて、新しいボールペンを共同で販売する提携先を探している。ターゲット顧客は会社員であり、ネット通販や文房具店で売るのではなく、実際に文房具を使う場面を用意し、体験をしてもらったうえで販売したいと考えている。ボールペンを使う場所として、4社の候補が挙がっており、提携してくれそうな会社を1社に絞りたいと思っている。あなたは部下に「提携候補先に関わる情報をまとめてほしい」と指示を出した（1社に絞るためにということを明示していないことに注意）。1週間後の会議で部下が出した資料は図表0-1のようなものだった。

図表 0-1：部下の提出資料

提携候補先のまとめ

会社名	売上規模	自社との相性	その他・最近の取り組み
ホテル A社	1,000億円	△ （自社とは関係がない？）	環境にやさしい部屋作りのために、メモ帳や紙の案内資料を部屋から撤廃したい
カフェ B社	500億円	△ （自社とは関係がない？）	パソコンなどの、仕事を想起させるものを店内から除きたい。休日の息抜きがテーマ
カフェ C社	800億円	○ （自社と同じ会社員がターゲット顧客）	日中のビジネス需要を取り込みたい。PCやスマホなどのデバイス用の充電方法（電池、アダプタ貸出）を増やしたい
シェアオフィス D社	800億円	○ （自社と同じ会社員がターゲット顧客。リモートワーク需要への期待）	顧客がシェアオフィスを利用するたびに、新しい情報や体験を提供したい

出所：××

さて、あなたはこの資料を見てどう思うであろうか。提携候補を1社に絞ることができそうだろうか。この資料を診断してみよう。

診断項目①　目的が定められているか？：NO

まず資料の上部には、「提携候補先のまとめ」とだけ書いてあり、1社に絞るという目的を部下が理解しているかが分からない。そもそも指示が「まとめてほしい」という曖昧なものだったことも原因にあ

図表 0-2：部下の提出資料（問題点の指摘）

（目的が抽象的）**提携候補先のまとめ** を通じて何を伝えたいのかが分からない
（結論が書かれていない）

根拠：この3つの項目からどのような結論が出てくるのかが分からない

会社名	売上規模	自社との相性	その他・最近の取り組み
ホテル A社	1,000億円	△ （自社とは関係がない?）	環境にやさしい部屋作りのために、 メモ帳や紙の案内資料を 部屋から撤廃したい
カフェ B社	500億円	△ （自社とは関係がない?）	パソコンなどの、 仕事を想起させるものを 店内から除きたい。 休日の息抜きがテーマ
カフェ C社	800億円	○ （自社と同じ会社員が ターゲット顧客）	日中のビジネス需要を取り込みたい。 PCやスマホなどのデバイス用の 充電方法（電池、アダプタ貸出）を 増やしたい
シェア オフィス D社	800億円	○ （自社と同じ会社員が ターゲット顧客。 リモートワーク需要への期待）	顧客がシェアオフィスを 利用するたびに、 新しい情報や体験を提供したい

出所：××

るであろう。まとめた結果、何を判断したいのか、この資料の目的は
曖昧だ。

診断項目②　結論が書かれているか？：NO

　さらに残念ながらこの資料には結論が書いていないので、提携候補
となる1社がどれかは分からない。

　よく見ると、資料の表の右から2列目にある「自社との相性」とい

う欄に○がついており、「C社とD社の両社との提携がおすすめ」と言いたいようにも見えるが、確証はない。

診断項目③　根拠が書かれているか？：NO

　仮に「C社とD社の2社が候補」という結論だとしても、その根拠がよく分からない。自社との相性に○がついている理由はおそらく、提携先のターゲット顧客が自社と同じであることだが、確証はない。確証が得られない大きな理由は△の存在だ。「自社とは関係がない？」という記載は、何についての関係を指しているのかが分からない。ターゲット顧客が被っていないという意味なのか、それとも例えば過去に取引をしたことがないという意味なのだろうか、よく分からない。

　「その他・最近の取り組み」の欄に書かれていることも各社バラバラで、各社を比較する論点が定まっていない。さらに、無目的に並んでいる「売上規模」が提携の判断にどう加味されているのかも不明だ。

いい資料の例

　筆者であれば、A社・B社のターゲット顧客の情報を新たに加えて、図表0-3のように資料を書き換える。

　改善例は、ダメな例と比較して何が具体的に違うのであろうか？　診断してみよう。

図表 0-3：部下の提出資料（改善例）

提携候補先の1社への絞り込み
D社が有力な候補。十分な売上規模を持つうえ、
自社と協力しターゲット顧客に販促施策を実施できるため

提携候補先の絞り込み結果

提携可否	社名	事業規模は十分か？（100億円以上）	ターゲット顧客が同じか？	相手のニーズを満たせる可能性はあるか？	
				相手が求めること	自社が提供できるか
可	シェアオフィスD社	○ 800億円	○ リモートワークをする企業の会社員	シェアオフィスを利用するたびに、新しい情報や体験を顧客に提供したい	○ オフィスの個室に、ボールペンとノートを設置し、メモしやすい環境を提供
不可	カフェC社	○ 800億円	○ 日中に仕事をしたい会社員	PCやスマホなどのデバイス用の充電方法（貸し電池、アダプタ貸出）を提供したい	× デバイスは自社の製品・サービスラインナップの対象外
	ホテルA社	○ 1,000億円	× 地方からの観光客	環境にやさしい部屋作りのために、メモ帳や紙での案内を部屋から撤廃したい	× 紙を撤廃するため、ボールペンを部屋に置くことが困難
	カフェB社	○ 500億円	× 休日の息抜きをしたい大人	パソコンなどの仕事を想起させるものを店内から除きたい	× 仕事向けのボールペンが自社の商品であり、相手の意向と合致しない

診断項目① 目的が書かれているか？：YES

　残念な資料は、目的の部分に一応「提携候補先のまとめ」と書いて
あるが、まとめた結果、何を判断したいのかが分からなかった。

　一方で改善案は、資料の目的が最上部に示されており、提携候補先
を「１社に絞り込む」ことが今回の目的であることが分かる。

診断項目② 結論が書かれているか？：YES

繰り返しだが、残念な資料は結論も明示されていない。一方で改善例は、提携先を1社選ぶという目的に対して、「D社を提携先に選ぶべき」という結論を明確に示している。そのため、この資料を書いた人間が何を伝えたいかが明確である。

診断項目③　根拠が書かれているか？：YES

　残念な資料は、売上規模やその他に書いてある情報が、企業の選定にどう結びついているかが分からない。

　一方で改善案は、企業選定にあたり、事業規模の大きさ、ターゲッ

図表0-4：ダメな例と改善例の違い（目的・結論・根拠の一貫性）

	ダメな例	改善例
目的	提携先を何の目的で「まとめ」ているのかが曖昧	提携先を1社に絞りたい
結論	結論が書いていない	D社がよい
根拠	2社が提携候補と言いたそうだが、何の目的で整理されているかが分からない情報が並ぶ	・全社事業規模は十分大きい ・ターゲットが同じC、D社のうちD社ならば相手が欲しいものを自社が提供できる

トの重なり、自社が相手のニーズを満たせるか？　という３つの根拠で結論を導き出していることが分かる。企業の羅列も、無目的なABCD順ではなく、今回の目的に沿うように、提携可能性がある企業とそうでない企業に分類されている。

　このように構造的に情報を配置することで、読み手は、提携可能性の有無という論点（縦軸）に対して、何の根拠を持って結論に辿り着いたか（横軸）で確認することができる。

残念な資料を
"どうやって"いい資料にするのか

　ダメな資料から一足飛びに改善例に辿り着くことはできない。日々作られる残念な資料を改善するためには主に２つの取り組みが必要だ。１つは資料のフォーマットに揃えること、もう１つは１枚１枚の資料を誰かと対話をしながら修正し、目的・結論・根拠を精査することだ。

フォーマットを揃える

　本書では、残念な資料を減らすために、改善例で示したような基本的なルールをフォーマットに落とすことをお勧めする。図表0-5のように、まず、資料の一番上には、資料の目的を、その下に結論を書く。資料の根拠

図表 0-5：資料のフォーマット

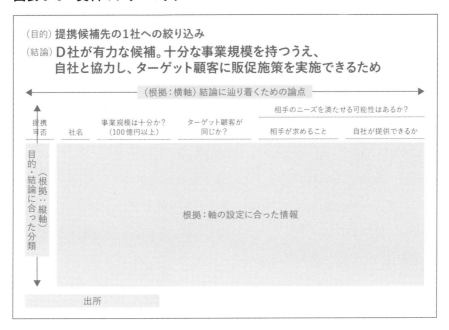

（目的）提携候補先の1社への絞り込み
（結論）**D社が有力な候補。十分な事業規模を持つうえ、
自社と協力し、ターゲット顧客に販促施策を実施できるため**

は縦軸・横軸を設定して表現することを基本とする。詳細は、後述するが、これは定性・定量（グラフ）のどちらでも変わらない。

残念な資料は対話で直す

　もちろん、フォーマットを決めたからといって全員がいい資料を作れることなどありえない。フォーマットは書くべきことを思い出させてくれるだけで、正しく書けることを保証してはくれない。正しく書けているかど

うか、自分一人で資料の修正点を見つけるのは難しいので、常に他人の目が必要だ。

　詳細は第3章に譲るが、残念な資料を改善するためには、「この資料で１カ所だけ、重要な場所に線を引くとしたらどこ？」という問いと共に、資料の結論を炙り出す作業をしなくてはいけない。資料の結論は何か？　その結論は何の目的のために書かれているか？　根拠はあるか？　を明確にしていくのだ。

　適切に修正さえすれば、全ての"残念な資料"が、"いい資料"になりうる。最初は残念かもしれないが、曲がりなりにも誰かが資料を作ったということは、そこに何かしらの資料の①目的、②結論、③根拠になりうる種がまかれている。その種を拾って育てていくことが必要だ。

複数枚の資料を並び替えてストーリーにする

　１枚の資料の修正を中心に話を進めてきたが、日々の発表では複数枚の資料を作っている場合も多い。資料が複数枚ある場合も、基礎は変わらない。１枚１枚の資料が"いい資料"に変わっていく過程で、資料の目的・結論が明確になっていくので、資料の順番を並び替えたり、足し引きすることで、発表が物語になるように並べることができる。

例えば、下記のような形に、目的と結論の順番を意味がつながるように並べて構成を作る。

目的 提携候補先の１社への絞り込み
結論 Ｄ社が最適

目的 Ｄ社を口説き落とすための方法
結論 Ｄ社は広告宣伝費用が不足していそうなので、自社がそれを負担する

目的 Ｄ社と組めなかった場合の対策
結論 提携候補先に空港のラウンジを追加して対象候補を再度決定する

　構成が作られれば、相手も読んでいて分かりやすい。そもそも、目的の羅列を見るだけで、発表の目次に近いものになるはずだ。

　実は、プロのコンサルタントはこの目的と結論の対応を、資料作成を始める前に、あらあらでも作ってしまう。プロジェクトを先導するリーダーがこの構成を先に作り、それからメンバーに資料作成の依頼をするのだ。最初から資料を書く目的が具体的に定められていれば、残念な資料ができるリスクを下げることができる。当然、分析が進むと中身が変わることは

あるが、先に仮の全体構成があるので、どの部分が修正されるのかも分かりやすい。

　資料作成に慣れてきたら、先にこの目的と結論の構成を作ってしまうことをお勧めする。もちろん、こちらも全てを自分でやることは難しいので、素早く、この構成を他人に見せ、他人の意見を聞きながら、目的を構成するスキルが求められる。

　もしあなたが意思決定者でないのであれば、素早く構成の段階で意思決定者に見せ、必要な項目が抜けていないか、この段階で議論してしまうのも手だ。この詳細は第4章にある。

本書の対象者と構成

　本書は誰かに資料の作成を指示・依頼し、添削をする立場の方を主の読者と想定するが、指示を受けて資料を書く側にも同じ視点は有用だと考えている。

　残念な資料を、いい資料に変化させるプロセスに重きを置きたいため、あるべきルールを説明するだけでなく、筆者の経験を通じて得た「残念な資料」の典型をご説明し、脱・残念な資料のための解決策は何か？　を紹介する。

　第1章で先に資料のフォーマットを説明する。ここで1枚の資料を書く

ための基礎的な原則をお伝えすることで、残念な資料を診断するための視点をお伝えする。

　第2章では資料を①何を目的に書かれたかが分からない資料、②何が結論か分からない資料、③結論の根拠が分からない資料の3つに類型化し、筆者がよく見る"残念な資料"を紹介する。

　第3章では対話を通じて決まった手順に当てはめながら、第2章の残念な資料を変化させていく様子をお伝えしていく。

　第4章では、複数枚の資料の目的を構成する方法をお伝えする。

　第5章では、補足的に、資料の色使いや、グラフ作成の注意点をお伝えする。

　なお、本書で出てくる事例（資料例・ケース）は全て架空のものである。本書のために全ての事例を筆者が新規に書き下ろしており、特定個社または個人の事例を引用したものではない。

　また、基本的には少数名（2〜5名程度）の打ち合わせ時や、打ち合わせ後に「読む」詳細な分析資料を対象としており、数十名以上の聴衆に魅せるための資料作成スキルは対象としていない。

第1章　資料作成のフォーマット

第**2**章 ┤ 残念な資料のあるある事例

第3章　資料の改善例

第**4**章 | 資料の構成を考える

■ 手元の資料の目的と結論のペアを並べてみる ─── 130

第5章	色使い、罫線・強調、グラフ

資料作成の
フォーマット

残念な資料には、目的・結論・根拠のどれかが欠けていることが多い。いい資料を作るために、まずはこの3つの視点を忘れないように、それらをフォーマットにしてしまうことをお勧めする。

　原則は、「目的、結論、根拠の順で書く」というシンプルなものだ。この3つが揃っているかを意識することが、ダメ資料診断の要だ。

　序章でも紹介したフォーマットを改めてこちらで掲載しておく（図表1-1）。サイズや場所は、各々変えてもよいが、目的、結論、根拠の全てが明示されることを意識したフォーマットを準備しよう。

　以下、フォーマットに従い、目的・結論・根拠の順で解説をしていく。

目的の設定・書き方

　まずは全ての資料において資料を書く目的を定めよう。ビジネスにおいては、常に、議論をしたり決断をゆだねる相手がいるはずだ。その相手と、一体何を議論・決断するのかは、事前にこちらが想定しなくてはいけない。

目的は「具体的」に書く

　目的は具体的に書かなくてはいけない。そこには理由が2つある。

　1つ目は、そもそも自分が何を書こうとしているか、しっかり理解しているかをチェックすることができるからだ。慣れていない人が目的を書こ

図表 1-1：資料のフォーマット

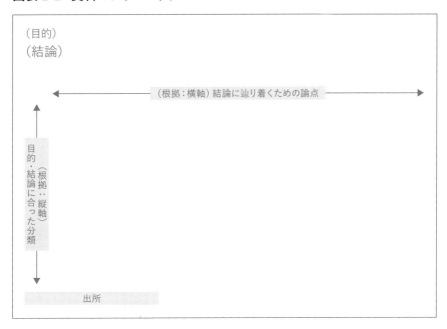

（目的）
（結論）

（根拠：横軸）結論に辿り着くための論点

目的・結論に合った分類
（根拠：縦軸）

出所

うとすると、「〜のまとめ」「〜の状況」「〜の近況」「〜の事例」「〜の紹介」「〜について」など、抽象度が高い表現を使う傾向にある。しかし、こうした抽象度の高い表現はそもそも何を書こうとしているのか、書き手が自分自身で分かっていない可能性が高い。

　目的を具体的に定めるために、語尾に「〜を踏まえて伝えたいことや判断したいことは何？」と自分に問いかけてみよう。例えば「Xプロジェクトの状況」と最初に書いたら、「Xプロジェクトの状況を踏まえて伝えた

いことや判断したいことは何?」と自分に聞いてみよう。人が少ないから増やしてほしいのか、予算が足りないのか、顧客の要望が定まらないのか、状況という言葉が含むものは多くあるはずだ。

例えば、予算が少ないのだとすると、「予算が不足している理由」「必要な追加予算額とその根拠」などが資料を書く目的として出てくるはずだ。

目的を具体的に書く2つ目の理由は、読み手にとって親切だからだ。例えば、「Xプロジェクトの状況」と言われても、結論にどのような内容が来るかは全く想像がつかない。一方で「Xプロジェクトの予算が不足している理由」と言われれば、少なくとも当初予算と実態がどの程度乖離しているか、なぜそれが発生しているのかが説明されるのであろうと、想像がつく。今から予算の話をするのだな、と最初に分かるのと、資料を読み終えてから予算の話をしたかったのかな?　と読み手に考えさせるのでは、読み手の負担の量が全く異なる。

例えば、「筆者の自己紹介」という表現はまだ具体性が低い。本書を読んでいるみなさんは、今から筆者の何について説明されるか想像はつくであろうか?　趣味の話が始まるのか、年齢について話すのか、性別か、仕事の内容か、人生の悩みか、目標か、好きな服か、恋愛歴か、項目はたくさんある。筆者の全てを紹介しようとすると、大量の時間がかかってしまうのは想像つくであろう。

たかが自己紹介でも、何のための自己紹介なのか目的を定めなくてはいけない。仮に仕事の顧客に対する自己紹介であれば、筆者が得意な仕事や、

筆者の実績を紹介して、仕事を受注することを目指すだろう。例えば「筆者がA業界のPJTが得意な理由」「筆者がA業界のPJTで達成してきた実績」といった資料を用意するはずだ。

結論の書き方

　何のために資料を書くのかが決まったら、資料で伝えたいことの結論を示す。理想論としては、目的と結論のペアだけを読んで、伝えたいことが伝わりきることが望ましい。そのためには、①資料の目的と結論が質問と答えのような形で対になることが望ましい。そして結論は、②耳なじみのいい言葉を使わず、③文章で具体的に書く必要がある。

目的と結論はQ and A

　資料の目的と結論のペアを読むだけで、相手に伝えたいことを伝えきるのが目標だ。良い目的と結論は、質問と答えの関係になる。そのため、資料を書く際に目的の部分を疑問形にすることを心掛けてみよう。

目的　Xプロジェクトの予算が不足している理由は何か？

結論　プロジェクト開始後に仕様が変更されたが、その分の追加予算が計上されていない

一方で抽象度の高い目的を疑問形にしてみても、質問の意味がよく分からない。

> **目的**　Ｘプロジェクトの概要は何か？
> **結論**　？？

本書はトレーニング目的のために、いい資料の目的の部分を疑問形で書くことにする。体言止めが自然な場合は、横に（　）で疑問形を記載する。例）Ｘプロジェクトの予算不足原因（予算が不足している原因は何か？）

結論を文章で書く

結論は１〜２行の文章で書く必要がある。

文章ではなくキーワードだけ並べられていたりすると、読み手は意味が分からない。例えば、「競合がコストを削減している方法を明らかにする」という目的に対して、２つの方法があるということを伝えようとして「２極化」や「２極化している」とキーワードだけ書いてある場合だ。少なくとも、「方法Ａを選ぶ企業と方法Ｂを選ぶ企業に分かれている」と書かないと、方法を知りたいという目的に対応した答えになっていないので、目的と結論の一貫性が保てない。

短すぎる文章に加えて、→など記号や英語でごまかす場合もある。例え

ば、「１人当たりの労働時間を減らすために、総人員数を増やす」と書く
べきところを、「人員増加→負担低下」と書いてしまったり、「垂直統合と
水平統合のどちらかを採用すべきだが、結論は出ていない」と書くべきと
ころを「垂直統合 vs 水平統合」と書いてしまう。

いい例・悪い例のまとめ

× ２極化している

○ 方法Ａを選ぶ企業と方法Ｂを選ぶ企業に分かれている

× 人員増加→負担低下

○ １人当たりの労働時間を減らすために、総人員数を増やす

× 垂直統合 vs 水平統合

○ 垂直統合と水平統合のどちらかを採用すべきだが、結論は出てい
　　ない

耳なじみのいい言葉は使わない。
「例えば」「なぜならば」の原則

　結論部分には、曖昧な言葉を使うことをなるべく避けた方がよい。例え
ば、「我が社はより攻めるべきだ」と書いてあっても、「攻める」の意味が
分からない。人によっては、海外に進出することを攻めと表現するかもし
れないし、研究開発費を倍にすることを攻めと言うかもしれない。人によっ
て解釈が分かれる言葉は避けた方がよい。

自分が曖昧な言葉を使っているか不安だった場合は、2つのことを試してみよう。

　1つ目は、耳なじみのいいカタカナや英語をなるべく使わないこと。2つ目は「例えば」「なぜならば」を文章につけてみることだ。

　カタカナ・英語は、耳なじみはよく、賢くなった気がするが実は相手に伝わっていない、あるいはそもそも自分も意味が分かっていないことが多い。シナジー、リピート、ライフタイムバリュー、エンゲージメントなどなど、それぞれ意味が分かるだろうか？

　例えばリピートも、定義が実は曖昧だ。1年ぶりに来店したことはリピートしたと言えるだろうか？　駅前のコンビニ、銀行、家具屋、車のディーラーなどなど、業態によっても違うであろう。毎日来店するようなコンビニに1年ぶりに来た人は、リピーターとは呼ばないかもしれないが、家具だったら頻繁に買い替えるものでもないので1年ぶりの来店もリピーターと定義するかもしれない。

　定義が曖昧なカタカナ言葉を使うくらいだったら、「1年以内に2回以上来店した客」と直接的に表現した方がよい。

　しかしながら、カタカナや英語を全てなくすことは難しい。本書の後半の事例でもカタカナや英語が出てくる。そこで、もう1つ考えるきっかけを作ってくれる言葉が「例えば」と「なぜならば」だ。先の「攻める」という言葉に「例えば」をつけてみたら、具体例が出てくるはずだ。ここで具体例が出てこない場合は、資料を書いている当の本人が、実はしっかり

考えずに結論を書いている場合が多い。

さらに考えるために「なぜならば」をつけてみよう。「我が社はより攻めるべきだ、なぜならば、売上が４分の３に昨年度比較で減少しているからだ」と書いてあれば、おそらく「攻め」の内容は売上増につながる内容を書きたいのだと、自分も読み手も認識することができる。

column.1

あえて結論で曖昧な言葉を使う場合

さて、これまで本書は「耳なじみのいい言葉」を使わないということを強調してきた。しかし、そうした言葉を使った方が「いい」場合もある。そうした場合もここで紹介しておきたい。

主に２つの場面だ。１つ目は不都合な真実を隠すときだ。例えば、人件費削減をしなくてはいけない場合に、それを前面に押し出すことは難しい。新たなキャリアステップ、キャリア開発などの前向きなカタカナ語に置き換えることがある。複数の事業を抱えている会社が、どれか１つの事業だけに注力していると社内外に思われたくない場合も、「革新的サービスを追求」「顧客の期待に応える」など全てを包含する言葉が使われることがある。

２つ目は注意を惹きつけたい場合だ。例えば営業で相手の心をくす

ぐるために、わざとカタカナの流行り言葉を使うことがある。同じERPパッケージの導入でも、今であればDXという枕詞を最初に利用して営業をすることがあるだろう。営業される側に立った場合は、その中身が何を意味しているか冷静に聞く必要がある。

　コンサルティングの現場でも、市場を戦場と表したりすることで、顧客の心をくすぐろうとする場合がある。こうした表現は聞いていて楽しいし、相手を惹きつける。なので、コンサルティングをする人は、こうした表現を意図して使うことがある。使う場合はそれらの言葉が具体的に何を表現しているかは、自分で理解しているはずだ（理解していないコンサルタントとは付き合わないことをお勧めする）。

　そのほか、「詳細な情報は秘密だから言えないのでは？」とお思いの方もいるであろう。もちろん、自社の戦略は機密情報で、対外的にまたは社員全員に全て説明できない場合もあるであろう。だがどうやら多くの会社において、戦略の説明が曖昧な言葉であることは否めないようだ。これは日本だけの話でなくアメリカでも同じなようで、気になる読者はリチャード・P・ルメルト『良い戦略、悪い戦略』を是非読んでいただきたい。戦略的な話になると、どうも言葉の抽象度が無意味に上がってしまうようだ。抽象的な言葉を使う際は、常に具体的な例や意味と対にしておいた方がよいであろう。

根拠の書き方

　さて、結論までが書けたら、根拠の整理だ。結論が伝わっても、相手が同意してくれるとは限らない。結論に至った根拠になる情報を、過不足なく端的に伝えることが必要になる。

目的・結論に合った縦横軸の設定

　情報は、縦軸と横軸が切られた図表に埋めていきたい。縦軸は目的・結論に合った分類、横軸に結論に至るまでに必要な論点を明示することを原則とする。ここが多くの方にとって一番慣れない部分かもしれないが、慣れて習得できればとても強い武器になる。

　例えば、「男女の平均身長を比較すると男性の方が高い」という結論を書きたいとしよう。その根拠は、図表1-2のように縦に男女が並び、横に平均身長がくる。これをグラフで表すならば、棒グラフにもなる。基本的に、定性情報も、定量情報も考え方は同じだ。

　縦横軸それぞれ、結論に合った軸を設定することが大事だ。例えば、資料に体重の横軸が設定されている場合はどうなるであろうか。

　図表1-3は結論と根拠の一貫性が保たれていない。結論は身長について話しているが、根拠は身長と体重を組み合わせて、男女を比較していることになる。本来は結論が主だが、仮に根拠を前提とするならば、結論は「身

長・体重ともに男性の方が数値が高い」となる。あるいは、身長・体重を組み合わせて出てくる数値は、BMI（体重kg÷（身長 m)^2）なので、「男性の方が女性より BMI が高い（または低い）」という結論かもしれない。

図表 1-2：結論と根拠の対応

男女の平均身長を比較すると、男性の方が高い

図表 1-3：結論と根拠の不対応

男女の平均身長を比較すると、男性の方が高い

図表 1-4：結論と根拠を対応させる

男性の方が女性よりBMIが高い（または低い）

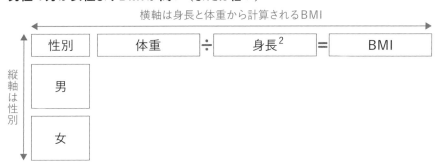

その場合は、図表1-4の方がより良い整理であろう。

　このように、結論と根拠は常にペアでなくてはならず、根拠の情報に過不足があってはならない。根拠に過不足があることは、結論が変わることを意味する。

軸はなるべくMECEにすることを心掛ける

　MECEとは、漏れなくダブりなく物事を分類することだ。完璧を求めると行き詰まってしまう部分もあるが、軸を整理する場合はMECEを心掛けるとよい。

　縦横軸ともにMECEであることが望ましいが、特に縦軸は目的・結論を支える分類になるので、より気をつけて分類をする。

　軸を切る方法は2つある。1つは演繹的に基準を先に設けて分類する方

法であり、2つ目は帰納的に積み上げてグループ分けする方法だ。

　1つ目の演繹的な分離の方がMECEを担保しやすい。基準が明確だからだ。例えば、「身長が160㎝以上の人は××人いる」という結論を書きたいとしよう。そうすると、縦軸は身長が160㎝以上の人と、それ未満の人に分かれ、横軸には人数が来る。

　人を身長という基準で分けているので、漏れやダブりが発生しにくい。部屋の真ん中に線を引いて、身長が160㎝以上の人を線の右側、160㎝未満の人を線の左側に移動させるとなったら、どちらかのグループにみんな移動できる。自分の体が真っ二つになる人や、どちらのグループにも所属しない人はいないであろう。

　一方で、帰納的に積み上げると、完璧なMECEは難しい。特に何かが「漏れ」てしまう恐怖はぬぐえない。例えば、「視力を回復させるのに最も安い方法は××である」という結論を書こうとすると、縦軸には視力を回復する方法、横軸には費用が並ぶはずだ（図表1-5）。

　視力を回復する方法を「漏れ」なく挙げることは難しい。森羅万象、世の中全ての方法を知っている人はいないであろう。レーシックをする、ビタミン剤を飲む、眼鏡をかける、コンタクトをつける、様々な方法が思い浮かぶであろう。だが、「それで全部？」と言われてしまうと不安が残る。

　こういう場合は、演繹的な発想と組み合わせながら、整理していく。

　例えば、レーシックは何のグループに属するかというと手術だなと想像する。そして物事を、手術をする場合と、しない場合に分ける。手術をし

図表 1-5：根拠の整理方針

視力を回復する方法	費用
？？？	
？？？	
？？？	
？？？	

図表 1-6：帰納的に分類をする方法①

視力を回復する方法の分類			具体例
手術をする			レーシック
手術ではない	薬を飲む		ビタミン剤
手術ではない	薬ではない	器具をつける	眼鏡

ない場合を、サプリなどの薬を飲む場合と、飲まない場合に分け、薬を飲
まない場合を眼鏡などの器具をつける場合と定義し、具体例も添えながら
整理していく（図表1-6）。

図表 1-7：帰納的に分類をする方法②

分類	具体例
手術をする	レーシック
薬を飲む	ビタミン剤
器具をつける	眼鏡

図表 1-8：帰納的に分類をする方法③

分類	具体例
手術をする	レーシック
	他？
薬を飲む	ビタミン剤
	他？
器具をつける	眼鏡
	他？
他？	

最後に、「～でない」という表現を「～である」という表現に換えれば、ある程度網羅性のある整理ができるようになる（図表1-7）。

　こうしてグループ分けをすることで、みんなの目で「漏れ」を防ぎやすくなる。「他に分類がない？」「他の具体例がない？」を考えやすくなる（図表1-8）。

　こうして論理を可視化して、追加の調査や、業界の専門家の知恵や、関わる人の知恵を出して他になければ、いったん、終了とする。

　このように帰納的に積み上げるのは、とてもやっかいなので、なるべく演繹的に物事を分類するのがコツだ。

軸が切れないときは結論が曖昧

　筆者がこの方法論を教えていると、「軸の設定ができないので、これさえやっておけば大丈夫というパターンやフレームを教えてください」とよく聞かれることがある。

　大概、同様の質問をする人は、結論が書けていない場合が多い。裏を返すと、結論さえ明確に書けていれば、軸の設定はやりやすい。軸の設定をしにくい結論は、先に挙げた2つのルール、①文章をしっかり書く、②耳なじみのいい言葉を使わない、を破っているケースが多い。

　例えば、2つの文章を見てほしい。

　ホモ・サピエンスを特定の基準で2つのグループに分けて比較すると、

平均身長が高いグループがある

　この文章は、軸の設定が難しい。特に縦軸の分類が分からない。「ホモ・サピエンスを特定の基準で２つのグループに分けて比較する」と言われても何を基準に２つに分けているかが分からないのだ。もしかしたら、眼鏡をかけている人とかけていない人かもしれないし、賃貸に住んでいる人と持ち家の人に分けているかもしれない。とにかく分類が分からないのだ（図表1-9）。

　自分が何を言いたいのかを整理した結果、仮に、図表1-10のような資料だったとしよう。

　だとしたら、結論部分は最初から、「男女の平均身長を比較すると男性の方が高い」と書いてしまえばいいはずだ。

　勘のいい方は先ほどの「視力を回復させるのに最も安い方法は××である」という結論もあまり良くないのが分かるであろう。「最も安い」という一言が、論理的には森羅万象全ての視力回復方法を整理することを示している。「眼鏡とコンタクトを比較すると」など、結論が具体的になるほど、軸の整理に不安がなくなる。

図表 1-9：結論が曖昧だと根拠が書けない①

ホモ・サピエンスを特定の基準で2つのグループに分けて比較すると、平均身長が高いグループがある

図表 1-10：結論が曖昧だと根拠が書けない②

ホモ・サピエンスを特定の基準で2つのグループに分けて比較すると、平均身長が高いグループがある

図表 1-11：基礎的なルールの確認

部の中で最も身長が高い人（は誰だ？）
部員5人の中でAさんの身長が190cmと最も高い

部員の身長比較（降順）

名前	身長（cm）
A	190
B	185
C	180
D	175
E	170

出所：××

基礎的な事例で原則を復習

　例えば、部の中で最も身長が高い人を選びたいとしよう。そうすると、資料の目的は「部の中で最も身長の高い人（は誰だ？）」となり、結論は「部員5人の中でAさんの身長が190cmと最も高い」といったものになる。

　部員別に身長を比較するという結論の論理構成だから、部員の名前→身

図表 1-12：基礎的なルールの確認（グラフ化）

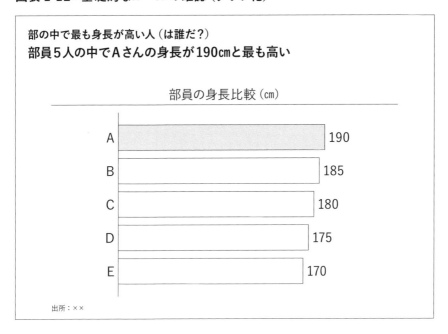

部の中で最も身長が高い人（は誰だ？）
部員5人の中でAさんの身長が190㎝と最も高い

部員の身長比較（㎝）

A　190
B　185
C　180
D　175
E　170

出所：××

長の順で横軸が構成され、縦軸には全部員が並んでいるはずだ（図表 1-11）。

　これは、全て定量数字なので、グラフに変換することもできる（図表 1-12）。

　あくまでも、身長の話だけをしたいので、それ以外の体重などの情報はここには詰め込まれない。

第**2**章

残念な資料の
あるある事例

第1章で紹介したようなフォーマットの話を聞くと、"埋める"ことが目的になってしまう場合があるが、それではいけない。フォーマットは何を書くべきかを思い出させてくれるだけで、正しく書くことを保証してはくれない。

　さらに日々仕事をしていると、資料に何かが書いてあると安心してしまい、書き直したくない衝動にも駆られるので、資料が残念かどうかをチェックすることを疎かにしてしまう。

　残念な資料とは、①目的が曖昧な資料、②結論が書かれていない資料、③結論の根拠が書かれていない資料の3つだ。もちろん、2つなり3つの症状が混じり合っているのが常だ。特に①の目的が定まりきっていないと、結論も根拠も書いてあるかどうかよく分からない資料になりやすい。本章では、あるあるパターンを紹介していきたい。

目的が曖昧な資料

「とりあえず情報共有のための資料なので、何かあるってわけではないんですが、まとめてみました」といった類の言葉を会社の中で聞いたことはないだろうか？　無目的な情報共有ほど、周りの人の時間を無駄にすることはない。

　本章で紹介するように、多くの資料には得てして目次のような形で、目

的になりきれていない目的が書かれている。「〜のまとめ」「〜の状況」「〜の近況」「〜の事例」「〜の紹介」「〜について」などだ。

　目的が大きすぎると「全て」を説明しなくてはいけなくなり、結論が書けないはずだが、何かを書こうと情報が大量に詰め込まれる。情報が詰め込まれていることで資料ができた気になってしまうので、問題があることを自覚しにくい。

　無目的な資料は、抽象度の高い目的の記載に加えて、大まかに2つに分類される。**1つ目は無秩序な情報が詰め込まれているパターン、2つ目は一見秩序があるかのようにフレームをとりあえず埋めているパターンだ。**前者は箇条書きで情報が並んでいる場合と、それに加えてグラフや絵が詰め込まれている場合がある。

実は無秩序な箇条書き

　よく出てくるのが、ただ箇条書きが論理的なつながりや物語がなく羅列されている資料だ。例えば図表2-1のような形だ。

図表 2-1：目的のない箇条書き

X社の事例紹介

- 最新ITサービスAを導入 (2020年)
- ITサービスAの活用により、商品の在庫管理を効率化
- サービスAの社内活用促進のために、ITスペシャリストを設置し、浸透に努める
- ITスペシャリストによりサービスAのパソコンへのインストール方法を説明する
- 利用方法説明のために対面の説明会を実施し、全社員必須参加にすることも検討
- サービス利用中に英語のエラーメッセージの意味が分からない課題に対しては英語の自動翻訳ソフトを利用することで対応
- X社の業務効率を40%改善し、間接業務の人員を削減
- 調達費用を2億円削減
- 弊社からサービスAを購入の場合は、初期コンサルティング費用が無料

診断項目①　目的が書かれているか？：NO

　上部には「X社の事例紹介」と一応書かれているが「X社の事例紹介」は目的として不適切である。果たして事例を踏まえて何を知りたいのかが分からないためだ。

診断項目②　結論が書かれているか？：NO

　この資料は結論も明示されていない。箇条書きで書かれている情報

で推察できる結論は複数ある。「X社はITサービスAを導入したから調達費用が下がった」「今、サービスAを導入すればお得」「サービスA浸透のためには社内にITスペシャリストとサポートが必要」等々、どれが、今伝えるべきことなのだろうか?

診断項目③　根拠が書かれているか？：NO

　結論が定まっていないのだから、結論に辿り着いた根拠が書かれているのかは判断できない。かつ、この箇条書きの多くは、結論の候補の羅列だ。

　結局、目的が曖昧なことに全てが返ってくる。「ITサービスA導入の効果」を知りたいのか、「効果を得るために必要な行動」を知りたいのか、「導入費用」を知りたいのか。この資料は目的がよく分からないので、並べられた情報から何を判断していいかが分からない。

実は無秩序な情報の詰め込み

　箇条書きではなく、図表、定量データ、ポンチ絵などが情報過多に張り付けられているだけのものもある。例えば図表2-2のような資料だ。

図表 2-2：無目的な情報の詰め込み

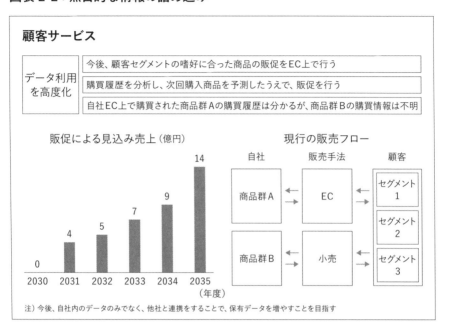

診断項目①　目的が書かれているか？：NO

　資料上部に顧客サービスと書いており、何かしらサービスの内容を説明しようとしているのであろうが、具体的にサービスの何について説明しようとしているのかが曖昧だ。

診断項目②　結論が書かれているか？：NO

　箇条書きのケースと同様、結論は書いていない。頑張って読み取ろ

うとしても、新しい販促による売上見込みを伝えたいのか、購買履歴データの利用方法を伝えたいのか、結局何が言いたいのか分からない。

診断項目③　根拠が書かれているか？：NO

　一見大量の情報があるが、こちらも箇条書きの資料同様、結論が定まっていないのだから、結論に辿り着いた根拠が書かれているかは判断できない。こうした資料は、作った本人も大量に情報を詰め込み、「できた」気になるが、目的・結論が定まっていないので、どこまで情報を入れていいかがよく分からなくなる。

　こうした資料の典型的な悪い症状は、注釈やアステリスクでの補足情報が資料の下の方につけられることだ。資料の最後の最後に小さいフォントで追加情報が増えて、読み手がさらに迷子になる。

一見秩序だって見せるためにフォーマットやフレームを埋める

　無目的な資料はまだまだ転がっている。コンサルティングの仕事をしていてよく見るのが、とりあえず本で見るフォーマットやフレームを埋めた資料だ。筆者が個人的によく見るのが、無目的なSWOT、ファイブフォース、マーケティングの4Pの資料で、例えば図表2-3のような感じだ。

図表 2-3：無目的にフレームを埋める

マーケティング4P分析

Product

・過去5年自社は定番の
　炭酸水のみを販売しているが、
　競合は2年前に炭酸水を廃止し、
　レモンフレーバーの炭酸水に集中

Promotion

・昨年よりECの利用を促すために、
　アプリ会員へ割引きクーポンを配布

・競合も同様の活動を実施

Place

・コンビニエンスストアを中心に
　販売していたが、2年前より、
　ECでの直販を開始

・競合も同時期に、
　同様にECでの直販を開始

Price

・過去5年競合と同等の価格水準を
　維持してきたが、
　2年前から若干（5％）競合商品より
　自社商品の方が価格が低い
　（自社は95円で競合は100円）

診断項目①　目的が書かれているか？：NO

　目的には一応「4P分析」と書かれており、根拠の部分には綺麗に
フォーマットが埋められていそうに見えるが、結局この情報から何を
分析したいのかが分からない。世の中に転がっているフレームは、そ
こに何か情報を埋めたからといって、完成になるわけではない。一体、
商品（Product）、販促（Promotion）、販売チャネル（Place）、価格（Price）
の4つの視点で何を分析したいのであろうか？

本来ならば、4つの視点で過去と比較して何かの指標や事態が改善・悪化したことを示したいのか、それとも競合と比較して優れている・劣っていることを示したいのか、分析を通じて明らかにしたいことがあるはずだ。

診断項目②　結論が書かれているか？：NO

　結論もどこにも書かれていないので、4つのボックスの中の情報から、何が言いたいのかが分からない。価格が低いことの問題を提起したいのか、それ以外は競合と差がないことを言いたいのか、結論が不明確だ。

診断項目③　根拠が書かれているか？：NO

　フレームが埋められているので一見根拠がありそうに見えるが、こちらも箇条書きの資料同様、結論が定まっていないのだから、結論に辿り着いた根拠が書いてあるかは判断できない。

目的がない資料はあるのか?

　筆者が資料の添削中に全ての資料には目的が必要という話をすると、「目的がない資料もありませんでしょうか?　知りたいだけの資料などです」という返答がよく返ってくる。「例えば、とりあえず、顧客のリストをまとめておいてという指示がありますよね?」と。

　しかし、自分がその指示を受けて資料を作ると思って考えてみていただきたい。

　そのリストのまとめ方はどうするべきだろうか?　一度でも取引経験のある顧客は全て並べるべきであろうか?　一定規模以上の顧客を並べるべきであろうか?　顧客のリストの抽出基準は、そのリストを使って何を判断したいのかの判断項目に依存するはずだ。リスト抽出の目的が分からずに、顧客リストが作れるはずはない。

結論が書かれていない資料

　資料を書く目的が明確に意識されていても、目的に対応する結論が書かれていない資料は、残念ながら会社のあちらこちらに転がっている。そんな馬鹿なと思うかもしれないが、人は結論を書くのを嫌がる。責任を取りたくなかったり、自分の結論に自信がなかったりすることで、誰かが自分の代わりに物事を決めてくれないかなぁ、察してくれないかなぁ、と結論から逃げていく。

　結論なしの資料の症状は主に2つに集約される。**①至極単純に結論が明示されていない資料**と、**②結論に書かれている言葉の抽象度が高すぎて、実は何を言っているか分からない資料**だ。

結論が明示されていない資料

　まずは、1つ目の、結論が明示されていない資料から見てみよう。例えば、2つのオプションから1つに選びたいという目的があるときに、図表2-4のような資料を目にすることがある。

図表 2-4：結論が書かれていない資料

システムＡ・Ｂどちらのオプションを選ぶべきか？

	メリット	デメリット
A	・導入コストが 　Ｂの３分の１に抑えられる	・導入まで３カ月必要 ・特に、既存業務フローを 　変更する必要があるため、 　人員配置の変更や 　マニュアルの変更が必要
B	・操作が容易で、 　誰にでも使いやすく 　即時導入可能 ・既存の人員配置・業務フローの 　変更を行う必要が少ない	・導入コストがＡより高く、 　かつランニングコストが毎月必要 ・導入コスト約５億円

診断項目①　目的が書かれているか？：YES

　この資料には、「Ａ・Ｂどちらのオプションを選ぶべきか？」という目的が書かれており、資料を通じて決断したいことが明確で、Ａ・Ｂどちらを選ぶかが分かればいいはずだ。

診断項目②　結論が書かれているか？：NO

　では、結論は分かるであろうか？　残念ながら、よく分からない。

メリットとデメリットが箇条書きで並んでいるが、結局、どちらがお勧めなのだろうか？　コストの面だけを見たらオプションＡの方が安いように見えるが、安くても今回の目的にそぐわないのであれば、オプションＢを採用する必要があるであろう。使い勝手が良さそうなオプションＢは、お金を払ってでも選ぶべきだろうか？　それも判断ができない。

　この資料に抜けているのは、「どちらのオプションの方がいいのか？その理由は？」という結論だが、書いた本人が、考えて結論を出すのを放棄してしまっている。

診断項目③　根拠が書かれているか？：NO

　一見メリット・デメリットの情報があるが、こちらも箇条書きの資料同様、結論が定まっていないのだから、結論に辿り着くための根拠が書かれているかが分からない。

結論に書かれている言葉の抽象度が高すぎる資料

　２つ目が、結論に書かれている言葉の抽象度が高すぎて、実は何を言っているか分からない資料だ。例えば、会社の新たな投資方針を示すための資料（図表 2-5）を見てみよう。

図表 2-5：結論に書いてある言葉が抽象的な資料

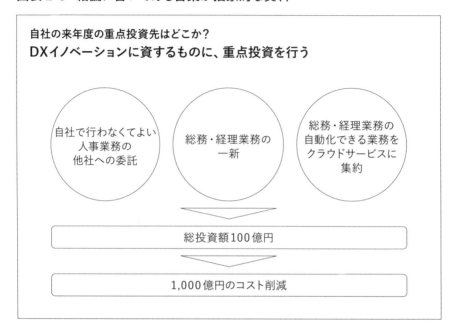

自社の来年度の重点投資先はどこか？
DXイノベーションに資するものに、重点投資を行う

自社で行わなくてよい人事業務の他社への委託	総務・経理業務の一新	総務・経理業務の自動化できる業務をクラウドサービスに集約

総投資額100億円

1,000億円のコスト削減

診断項目①　目的が書かれているか？：YES

　自社が来年度どこに投資をするかを示す資料になっているはずだ。

診断項目②　結論が書かれているか？：NO

　結論に相当するものは書いてあるが、意味がよく分からない。「DX
イノベーション」とは具体的に何を指すのであろうか？　耳なじみは
とてもいいが、果たしてこの会社は具体的に何に投資をするのだろう

か？

　DXのような流行り言葉はとても多い。ユビキタス、IoT、メタバース、バーチャルリアリティなど、似たようなコンセプトが、似たような文脈で語られて、一体具体的に会社の投資活動や、組織のオペレーションがどう変わるのか、具体的にはよく分からないことは多い。

　この結論に意味があるとすると、流行りのキーワードで相手を惹きつけたい場合であろう。あえて、そうした抽象的な言葉を残しつつ、資料を書くコツも後段で紹介する。

診断項目③　根拠が書かれているか？：NO

　縦横軸の設定がなく各項目に何が書かれているのかが曖昧だ。上部には、3つほど施策が羅列されており、それら全てを指してDXイノベーションと言いたいのかも分からない。

結論の根拠が書かれていない資料

　目的とそれに対する結論が明確になった次に気になるのは、「それは本当？」ということだ。結論に辿り着く根拠が明らかでないと、なかなか人を説得できない。第1章で説明した通り、結論に辿り着いた論点を整理軸で提示することが大事だが、なかなかそれは難しい。

根拠が曖昧な資料には大きく2種類ある。**1つ目は、整理軸はあるが軸に不足がある場合。2つ目は整理軸がなく情報が羅列されている場合だ。**

整理軸はあるが軸に不足がある資料①：
結論に辿り着くための論点が不足

　ちゃんとした資料に見えるが、よくよく見るとなんで結論に辿り着いたのかがよく分からないのがこの手の資料だ。図表2-6の資料を見ていただきたい。

診断項目①　目的が書かれているか？：YES

　来年度、コールセンターＡで受けられる問い合わせの件数の上限を決めたいことが分かる。

診断項目②　結論が書かれているか？：YES

　過去の件数を踏まえて、10万件が上限であることも分かる。

診断項目③　根拠が書かれているか？：NO

　ここに書かれているのは過去の問い合わせ件数である。しかし、結論で言っている、昨年度と同様の問い合わせ件数が見込めるという部分の根拠が説明されていない。どうして、昨年度と同じでよいと判断できたのかの根拠がない。

図表 2-6：根拠の整理軸が不足している資料

Aコールセンター、来年度の問い合わせ対応の上限契約数（はいくつか？）
月当たり10万件の問い合わせに対応することで契約を結ぶ。
昨年度と同様の問い合わせ件数が見込まれるためである。

コールセンター名	昨年度の月ごとの問い合わせ件数（千件）											
	4	5	6	7	8	9	10	11	12	1	2	3
A	80	40	20	100	90	80	30	20	10	15	39	80
B	10	21	24	1	10	40	24	10	10	40	24	10
C	101	210	180	101	142	103	134	132	145	132	121	195

　また、コールセンターAの部分が黒枠で強調されているが、そもそもなぜBとCの情報も記載されているのかが不明だ。

整理軸はあるが軸に不足がある資料②： 大きな矢印は思考停止の証拠

　説得力を持った根拠を構成するためには考えていることのステップを軸の設定により可視化しなくてはいけないが、これは結構やっかいだ。自分

の考えが甘かったりすることに向き合わなくてはいけない。

　そんなときに、多くの組織で出てくる、困った資料の最たる例が、大きな矢印で論理を隠しているものだ。例えば、自社製品の値段を決める会議のための資料で、図表2-7のような資料が出てきたとしよう。

診断項目①　目的が書かれているか？：YES
　自社商品Xの価格を決めたいという目的が明確だ。

診断項目②　結論が書かれているか？：YES
　この資料は、自社製品の値段を400円台に下げるべきだと主張している。その根拠は、競合が値段を下げているからということにしている。さて、どうして他社が価格を下げていると、自社も下げなくてはいけないのだろうか？　根拠の部分に目を移そう。

診断項目③　根拠が書かれているか？：NO
　根拠の部分に値段を下げるべき理由が書かれているだろうか？　この資料から分かることは、競合の製品の値段が下がっていることだ。だが、だからといって必ずしも自社の製品の値段を下げるべきだとは言い難い。自社だけ値段を維持すれば競合よりも利益は伸びるかもしれない。
　おそらく自社の製品の性能が競合よりも劣っているなどの、自社も

図表 2-7：大事な論理が矢印でごまかされている資料

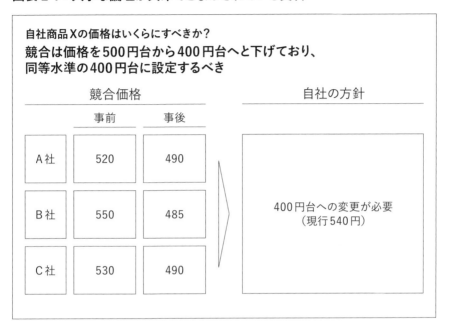

自社商品Xの価格はいくらにすべきか？
**競合は価格を500円台から400円台へと下げており、
同等水準の400円台に設定するべき**

	競合価格		自社の方針
	事前	事後	
A社	520	490	
B社	550	485	400円台への変更が必要 （現行540円）
C社	530	490	

値段を下げざるを得ない理由が隠れているはずだが、資料には出てき
ていない。

　丁寧に論理を説明するのが面倒になり、大きな矢印でごまかすこと
で、果たして資料に書かれている主張に論理的な妥当性があるのか、
その根拠が分からなくなってしまう。

図表 2-5：結論に書いてある言葉が抽象的な資料（再掲）

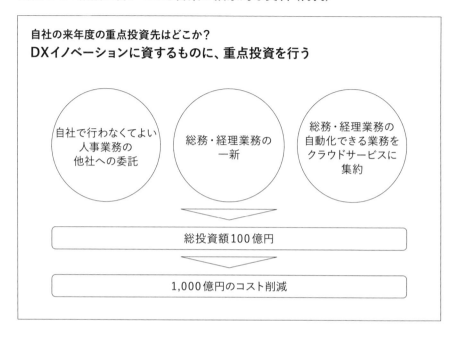

整理軸がない資料①：絵でごまかす

　しっかりと整理軸を結論に合わせて提示し、具体化するのが面倒になってくると、雰囲気だけを伝えたくなる。コンセプチュアルな絵や写真だけでプレゼンをする場合は、スティーブ・ジョブズのような聴衆を惹きつける１対大人数のプレゼンの場合はよいが、ビジネスの認識合わせには不完全な場合も多い。

改めて先ほどのDXイノベーションの資料を見てみよう（図表2-5、既述なので目的と結論の診断は省略）。上に丸が３つ並んでいて、下部には投資総額が書いてあることは分かる。

　少なくとも結論が示唆しているのは、DX関連の施策に一定金額の投資をするということだ。しかし、具体的に何を指しているかがとても曖昧だ。

　綺麗に並べられてはいるが、一体何について整理されているのか、縦横の整理軸がないことで、読み手を混乱させる。例えば、同じ列に並んでいる３つの丸の中に書かれている内容は、論理の階層が合っていない。特に真ん中の「総務・経理業務の一新」と、右の「総務・経理業務の自動化できる業務をクラウドサービスに集約」するという話は、前者が抽象的なまとめの説明で、後者がその具体例のようにも見える。

　もし、３つが投資先の分類なのであれば、図表2-8のような構成で具体的な投資内容を示すことで、資料の納得度が上がるはずだ（詳細は第３章記載）。

図表 2-8：証拠の再整理方針

自社の来年度の重点投資先はどこか？
DXイノベーションに資するものに、XX億円の投資を行う

投資先	投資額
投資先A	Aへの投資額
投資先B	Bへの投資額
投資先C	Cへの投資額

整理軸がない資料②：
複雑に絡まり合った矢印や絵は混乱している証拠

　先ほど大きな矢印でごまかす資料を紹介したが、矢印でごまかす方法は他にもある。多くの人はこの手法を、おそらく無意識に使うことで、自分の論理の穴に目をつむっている。例えば、人が離職をする理由を分析したこんな資料がある（図表2-9）。

図表 2-9：証拠の矢印が混乱している資料

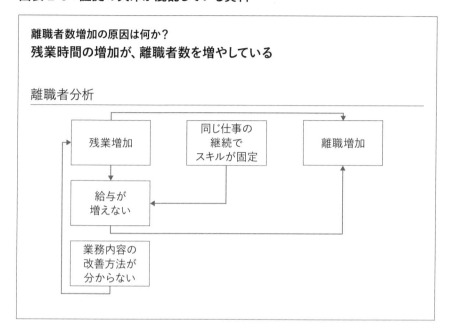

離職者数増加の原因は何か？
残業時間の増加が、離職者数を増やしている

離職者分析

診断項目①　目的が書かれているか？：YES

離職者数が増えている原因を明らかにしたいことが明示されている。

診断項目②　結論が書かれているか？：YES

残業時間が多いことが離職の原因だという結論が書かれている。

診断項目③　根拠が書かれているか？：NO

一見、原因・結果が整理されているように見せかけているが、線が
あちらこちらに行き交っていて、因果関係を読み取ることができない。
離職増加には2本矢印が伸びていて、残業が増えていることと、給料
が増えていないことの両方が、離職増加の直接的原因にも見える。も
しそうだとすると、結論と根拠の主張が合致していない。

第 **3** 章

資料の改善例

さて、残念な資料は、どうやって修正していったらよいのだろうか？
この章では、第2章で紹介した残念な資料をフォーマットと対話を使いながら修正していくステップをご覧いただきたい。

目的のない資料の改善

　目的のない資料の改善は最も難儀だ。書いている当の本人もこの資料を何のために書いているか分からないからだ。こういう場合は、目的を考えさせるステップが必要になる。まず、**資料で一番大事だと思う場所に線を引かせて、資料の結論に相応するものを選ばせる（Step 1）。そうするとおのずと、この結論に対応する質問＝目的が出てくるはずだ（Step 2）。**

図表3-1：資料の修正ステップ

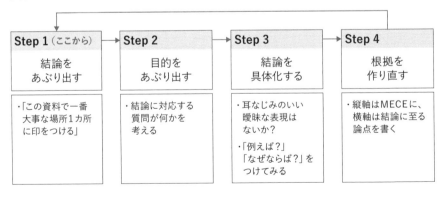

Step 1（ここから）	Step 2	Step 3	Step 4
結論を あぶり出す	目的を あぶり出す	結論を 具体化する	根拠を 作り直す
・「この資料で一番 大事な場所1カ所 に印をつける」	・結論に対応する 質問が何かを 考える	・耳なじみのいい 曖昧な表現は ないか？ ・「例えば？」 「なぜならば？」を つけてみる	・縦軸はMECEに、 横軸は結論に至る 論点を書く

一度、資料の目的と結論が固定できると、はたして現行の結論が目的に対して十分な回答になっているか、第1章で紹介した「例えば」「なぜならば」のルールも使いながら、再度、書き直すことができる（Step 3）。結論が変われば、当然根拠も書き直す必要があるので、新しい結論にそぐう根拠を作り直す（Step 4）。

箇条書きだけの資料の改善

　第2章で紹介した、箇条書きだけの資料は図表2-1のようなものだった。すでに述べたように、この箇条書きの資料の目的は曖昧だ。「X社の事例紹介」を通じて、何を伝えたいのであろうか？　この資料の目的が何かは、残念な資料からだけでは判断しきれない。いろんな目的がありうる。

図表2-1：目的のない箇条書き（再掲）

X社の事例紹介

・最新ITサービスAを導入（2020年）
・ITサービスAの活用により、商品の在庫管理を効率化
・サービスAの社内活用促進のために、ITスペシャリストを設置し、浸透に努める
・ITスペシャリストによりサービスAのパソコンへのインストール方法を説明する
・利用方法説明のために対面の説明会を実施し、
　全社員必須参加にすることも検討
・サービス利用中に英語のエラーメッセージの意味が分からない課題に対しては
　英語の自動翻訳ソフトを利用することで対応
・X社の業務効率を40%改善し、間接業務の人員を削減
・調達費用を2億円削減
・弊社からサービスAを購入の場合は、初期コンサルティング費用が無料

Step 1　結論をあぶり出す：一番大事なところにだけ線を引く

　こういう資料が出てきた場合は、「一番伝えたい箇所、1カ所（文）だけ蛍光ペンで線を引いてください」と言ってみよう。自分で作った資料であれば、書き終わった後に少し時間をおいてから自分で線を引いてみよう。例えば、あなたの部下なり同僚が上から3行目の文章に印をつけたとしよう（図表3-2）。

　さて、どうやら、「ITスペシャリストを設置するべき」というのが結論

図表3-2：結論を見つける

X社の事例紹介

・最新ITサービスAを導入（2020年）
・ITサービスAの活用により、商品の在庫管理を効率化
・サービスAの社内活用促進のために、ITスペシャリストを設置し、浸透に努める
・ITスペシャリストによりサービスAのパソコンへのインストール方法を説明する
・利用方法説明のために対面の説明会を実施し、
　全社員必須参加にすることも検討
・サービス利用中に英語のエラーメッセージの意味が分からない課題に対しては
　英語の自動翻訳ソフトを利用することで対応
・X社の業務効率を40％改善し、間接業務の人員を削減
・調達費用を2億円削減
・弊社からサービスAを購入の場合は、初期コンサルティング費用が無料

のようだ。

Step 2　目的をあぶり出す：結論に対応する質問を考える

　何のためITスペシャリストを設置することを伝えたいのだろうか。線
が引かれた文章の前半にあるように、「サービスAの社内活用推進のため
にやるべきこと（は何か？）」を説明することが、この資料の目的のようだ。
それに対する結論として推察されるのが「ITスペシャリストを設置する」

図表 3-3：目的と結論の修正

サービスＡの利用促進のためにやるべきこと（は何か？）
ITスペシャリストを設置する

というものだ。

　質問形式でも言い換えられる。

　目的　サービスＡの社内活用推進のためにやるべきことは何か？
　結論　ITスペシャリストを設置する

　仮の目的と結論を資料に書き下すと図表3-3のようになる。

Step 3 結論を具体化する：曖昧な表現になっていないか。「例えば」「なぜならば」の原則

「サービスAの社内活用推進のためにやるべきことは何か？」という目的と、「ITスペシャリストを設置する」という結論を相手に伝えたら、十分に言いたいことが伝わるであろうか？　曖昧な表現があると、読み手からはきっと質問が飛んでくる。「なんで設置するの？」と聞かれるのではないだろうか。

　自分の結論が曖昧かどうかを判断できない場合は、第1章で紹介した「例えば」「なぜならば」をつける原則を使うことをお勧めする。今回のような短い結論には、「なぜならば」をつけてみよう。元の資料（図表3-2）の4行目によるとITスペシャリストはサービスAのパソコンへのインストール方法を説明してくれるようだ。

「ITスペシャリストを設置する。「なぜならば」社員がサービスAのインストール方法が不明の際、同方法を説明してくれるため」といった結論が導かれるはずだ（図表3-4）。

Step 4 根拠を作り直す

　資料の新しい目的と結論ができた時点で、古い資料をそのまま使うわけにはいかない。古い資料の根拠の部分には、サービスの導入時期や、導入費用など結論と関係ない文言が並んでいる。これでは、1枚の資料としては成立していない。となると、新たな根拠が必要だ。

図表 3-4：目的と結論の修正

サービスＡの利用促進のためにやるべきこと

ITスペシャリストを設置する。社員がサービスＡのインストール方法が不明の際、同方法を説明してくれるため

● **横軸を作る**

改めて、資料の結論を見てみよう。資料の結論はいくつかの論点に分解できる。

①社員がサービスＡのインストール方法が不明の際に（課題）
②インストールを説明してくれる IT スペシャリストを配置する（解決策）

図表 3-5：横軸の設定

サービスＡの利用促進のためにやるべきこと
ITスペシャリストを設置する。社員がサービスＡのインストール方法が不明の際、同方法を説明してくれるため

　　　　　　課題　　　　　　　　　　　解決策
　　　────────────────　　　────────────────

　この結論は、サービスＡ導入にあたっての課題、その解決策、という論理構成で説明されているので、資料の横軸も基本的に同じ構造になるはずだ（図表3-5）。

　根拠の部分には、結論部分には書ききれない詳細情報を付与することで、結論の説得力を上げることができる。もちろん詳細情報を埋めるには、知識や情報が必要になるので、実際の場面では頭の中に情報がないのであれ

図表 3-6：縦軸の不足

サービスAの利用促進のためにやるべきこと

ITスペシャリストを設置する。社員がサービスAのインストール方法が不明の際、同方法を説明してくれるため

課題	解決策
・サービスAの利用開始時に、パソコンにサービスAをインストールできない ・また、サービス利用中に出る英語のエラーメッセージの意味が分からない	・ITスペシャリストがサービスAのインストール方法を説明 ・英語の自動翻訳ソフトを利用することで対応

ば追加の調査や分析が必要だ。今回は、とりあえず既存の資料に書いてある内容を基に記載してみよう（図表3-6）。

●縦軸を作る

さて、ここで縦軸がないことが分かるだろうか？　課題がより具体的に表現されたことで、ボックスの中に情報が埋もれてしまっている。ボック

図表 3-7：縦軸の設定

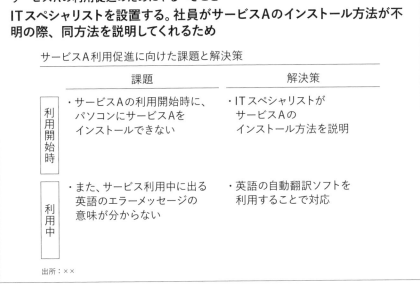

サービスAの利用促進のためにやるべきこと
ITスペシャリストを設置する。社員がサービスAのインストール方法が不明の際、同方法を説明してくれるため

サービスA利用促進に向けた課題と解決策

	課題	解決策
利用開始時	・サービスAの利用開始時に、パソコンにサービスAをインストールできない	・ITスペシャリストがサービスAのインストール方法を説明
利用中	・また、サービス利用中に出る英語のエラーメッセージの意味が分からない	・英語の自動翻訳ソフトを利用することで対応

出所：××

スの中に情報が埋もれている場合は、帰納的な発想で、縦軸を分類してみよう。今回の場合は、

① （開始時）サービスAの利用開始時に、パソコンにサービスAをインストールできない課題
② （利用中）サービスA利用中に出る、英語のエラーメッセージの意味が分からない課題

図表 3-8：結論の再修正

サービスAの利用促進のためにやるべきこと
利用開始時にインストールができない際はITスペシャリストに頼り、利用中にエラーメッセージが不明の際は自動翻訳ソフトを使う

サービスA利用促進に向けた解決策と効果

	課題	解決策
利用開始時	・サービスAの利用開始時に、パソコンにサービスAをインストールできない	・ITスペシャリストがサービスAのインストール方法を説明
利用中	・また、サービス利用中に出る英語のエラーメッセージの意味が分からない	・英語の自動翻訳ソフトを利用することで対応

出所：××

と2つの異なる時間軸の課題が出てきており、それぞれに対応する解決策も違う。①の方は、ITスペシャリストが対応するが、②の方は自動翻訳ソフトで対応することになっている。縦軸をしっかりと時間軸で切ることで、課題と解決策が2種類あることが明示できる（図表3-7）。

Step 1にループ　結論を必要に応じて書き直す

　ここで完成。といきたいところだが、そうは問屋が卸してくれない。改

めて頭を整理してみるとITスペシャリストにより解決する課題はサービ
ス利用開始時のもので、利用開始後は別の手立てである自動翻訳ソフトが
必要だ。ということは、結論と根拠で言っていることが異なる。

　おそらく結論は、「インストールができない際はITスペシャリストに頼
り、利用中に出るエラーメッセージが不明の際は自動翻訳ソフトを使う」
に変わりそうだ（図表3-8）。

　根拠を冷静に分析・整理した結果、改めて結論が変わることは頻繁に起
こる。どうしても一度書いた資料を「書き直す」ことは、面倒でやりたく
ないと思ってしまうことが多いのだが、ここで書き直すかどうかで、資料
の出来が大きく変わってくる。

　なので、冒頭に示したステップは改めて書き直すと図表3-9のようにな
る。

図表3-9：資料の修正ステップ

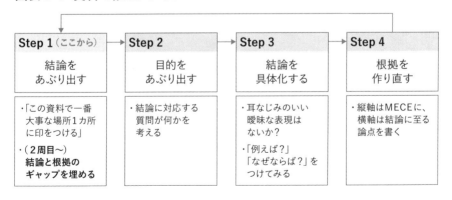

いつまでたっても修正が終わらないと思うかもしれないが、完璧な資料はなかなかできない。何周すればいいという具体的な決まりはないが、慣れないうちは2〜3回は見直すことをお勧めする。

column.3

結論が先か根拠が先か？

　第1章で説明したように、資料は常に目的・結論から書く。だが筆者はよく、「まず根拠を適当にでも先に書かないと、自分がどんな結論を言えるかが分からない。だから資料は下から書くのではないか？」という趣旨の質問を受けることがある。

　たしかに、結論を最初に書くためには、一定の知識が必要なのは間違いない。筆者は例えば、飲料メーカーの仕事をしたことがないので、飲料関連の会社の戦略立案において気をつけることはよく知らない。なので、関連する資料を書く場合は勉強をしないといけない。

　しかしそれは、「根拠を先に」書くことを意味しない。先に書くのは目的と結論だ。業種が違えど、戦略立案時に考える主要な論点は変わらない。例えば、「自社の差別化要素は何で、それは守ることができそうか」はどんな業界であれ考えることだ。仮でもいいので、持っている知識から想像で書いてみる。コンサル本に書いてある仮説

ファーストというものだ。

目的　「他社に勝つための差別化要素は何か？」という資料は用意し
　　　　なくてはいけないはずだと想像する。

　それに対する答えは、少ない知識の中からでも無理やり最初にひね
り出してみる。例えば、高級お菓子メーカー業界では小売を迂回して
直接顧客にECでお菓子を届けることが大事になっているとしよう。
もしかしたら、同じ口に入れるものなので、飲料業界でも同じかもし
れないと想像し、「消費者に直販をすることで、顧客が自社製品を直
接買いやすくすることが大事」という結論を立ててみる。
　こうすることで、

目的　「他社に勝つための差別化要素は何か？」
結論　「消費者に直販をすることで、顧客が自社製品を直接買いやす
　　　　くすることが大事」

という仮の目的と結論の組み合わせができる。
　ここまでできた後に、社内外の専門家に話を聞いて修正をしたり、

リサーチをしたりする。仮の結論があることで勉強したい点が明確になっているので勉強しやすい。「教えて！」というオープンな質問ではなく、「この結論、合ってる？」と聞けるのだ。

　コンサル会社には、得意分野の違いはあれど、一定量の物知りが在籍しているので勉強が手早い。コンサル会社に限らず、多くの会社には物知りさんがいるはずだ。他部門や現場に話しかけることを恐れず、仮の結論を持ったうえで情報収集をすることをお勧めする。

無目的な情報の詰め込み資料の改善

　情報詰め込み系の資料（図表2-2）も、箇条書きの資料と対処は同じだ。まずは、結論を炙り出し、何のための資料を書こうとしているのかを明らかにするところから始める。

Step 1　結論を炙り出す：一番大事なところにだけ線を引く

　この資料で最も伝えたい部分は何か？　そこに線を引く必要がある。得てして起こるのが、注釈の部分に線が引かれる場合だ（図表3-10）。どうやら、「自社のデータでは足りないので、他社のデータも使って保有データを増やしたい」というのが結論のようだ。

図表 2-2：無目的な情報の詰め込み（再掲）

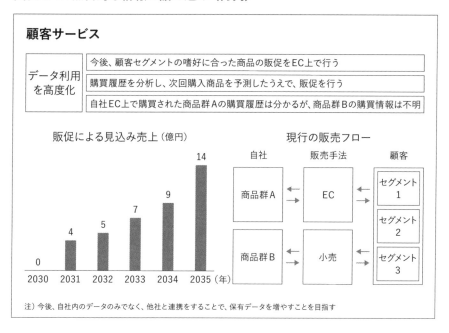

顧客サービス

データ利用を高度化	今後、顧客セグメントの嗜好に合った商品の販促をEC上で行う
	購買履歴を分析し、次回購入商品を予測したうえで、販促を行う
	自社EC上で購買された商品群Aの購買履歴は分かるが、商品群Bの購買情報は不明

販促による見込み売上（億円）

0　4　5　7　9　14
2030　2031　2032　2033　2034　2035（年）

現行の販売フロー

自社	販売手法	顧客
商品群A	EC	セグメント1
		セグメント2
商品群B	小売	セグメント3

注）今後、自社内のデータのみでなく、他社と連携をすることで、保有データを増やすことを目指す

Step 2　目的を炙り出す：結論に対応する質問を考える

　この結論は、どんな目的に対応しているのだろうか。資料の上部1〜2行目から推察するに、この資料の書き手は、購買履歴を分析したうえで、顧客セグメント別に販促をしたいという目的がありそうだ。先ほどの結論が、データを増やしたいというものだったので、おそらく購買履歴のデータが分析のためには不足しているのだろう（図表3-11）。

　となると、この資料は、「購買履歴の分析をするために必要なこと」を

図表 3-10：結論を見つける

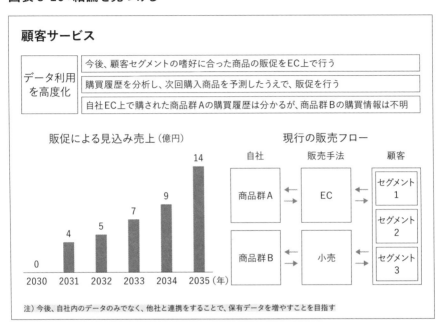

説明していそうだ。分析のために必要なデータが不足しているので増やしたいというのが対応する結論になる。

仮の目的　購買履歴の分析をするために必要なこと

仮の結論　自社のデータでは足りないので、他社のデータも使って保有データを増やしたい

図表 3-11：目的を見つける

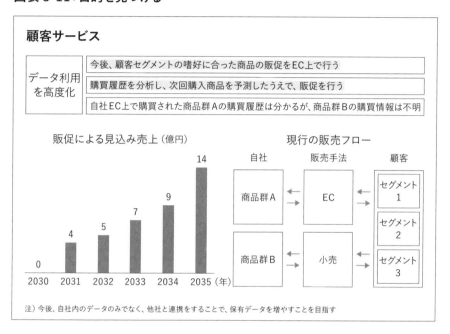

Step 3　結論を具体化する：耳なじみのいい表現になっていないか。
　　　　「例えば」「なぜならば」の原則

　資料の目的は「購買履歴の分析をするために必要なこと」の説明で、結論は、「自社のデータでは足りないので、他社のデータも使って保有データを増やしたい」というものだ。

　具体的に、どんな情報が必要なのだろう？　資料の３行目と、右下の絵を見てみると、商品群Ａのデータはあるが、商品群Ｂのデータは小売しか

図表 3-12：結論を具体化する

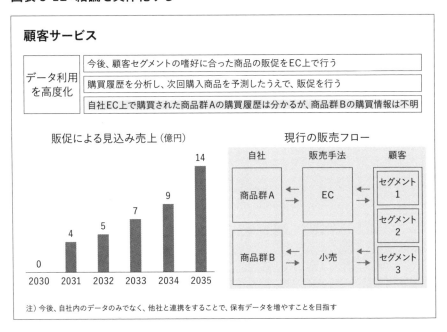

顧客サービス

データ利用を高度化	今後、顧客セグメントの嗜好に合った商品の販促をEC上で行う
	購買履歴を分析し、次回購入商品を予測したうえで、販促を行う
	自社EC上で購買された商品群Aの購買履歴は分かるが、商品群Bの購買情報は不明

販促による見込み売上（億円）

現行の販売フロー

自社	販売手法	顧客
商品群A	EC	セグメント1
商品群B	小売	セグメント2
		セグメント3

注）今後、自社内のデータのみでなく、他社と連携をすることで、保有データを増やすことを目指す

持っていないと言っている。

　この情報をふまえて、「例えば」と「なぜならば」の原則を当てはめて結論を具体化していこう。

　「自社のデータでは足りない（**なぜならば、××**）ので、他社（**例えば、××**）のデータも使って保有データ（**例えば、××**）を増やしたい」といった論理構成になるはずだ。

　「自社のデータでは足りない（A商品群、B商品群両方の情報が必要なのに、

図表 3-13：目的と結論の修正

```
  購買履歴の分析をするために必要なこと
  自社ECにはない商品群Bの購買履歴がなく、分析に利用する情報が
  不足している。不足情報は小売からの取得を試みる必要がある




```

A商品群しかない）ので、他社のデータ（小売のデータ）も使って保有データ（商品群Bの購買履歴情報）を増やしたい」と具体化できそうだ（図表3-12）。

　改めて結論を文章にすると、「自社ECにはない商品群Bの購買履歴がなく、分析に利用する情報が不足している。不足情報は小売からの取得を試みる必要がある」といったものになるであろう（図表3-13）。

図表 3-14：横軸の設定

購買履歴の分析をするために必要なこと
**自社ECにはない商品群Bの購買履歴がなく、分析に利用する情報が
不足している。不足情報は小売からの取得を試みる必要がある**

購買履歴に合った販促をするための必要事項とアクション

必要な項目	今ある項目	必要なアクション

出所：××

Step 4　根拠を作り直す

●横軸を作る

　基本的な結論の論理は、必要なもの（商品群AとBの情報）に対して不足がある（商品群Bは自社にない）から対処（小売からの取得）が必要、というものだ。なので、必要なもの、不足しているものの説明、対応するために必要なアクションが横軸で整理されているはずだ（図表3-14）。

図表 3-15：縦軸の設定

購買履歴の分析をするために必要なこと
**自社ECにはない商品群Bの購買履歴がなく、分析に利用する情報が
不足している。不足情報は小売からの取得を試みる必要がある**

購買履歴に合った販促をするための必要事項とアクション

必要な項目	今ある項目	必要なアクション
・商品群Aの購買履歴	・自社ECで 過去販売実績があるので、 購買履歴が取得できる	・購買実績を継続して蓄積
・商品群Bの購買履歴	・自社では直販しておらず、 小売で販売しているため 購買履歴が分からない	・小売との交渉が必要

出所：××

● **縦軸を作る**

　今回は、ECで売っている商品群Aの購買履歴はあるが、そうでない商品群Bの履歴がないという話で、商品群を基に物事を分類して話を進めているので、縦軸を商品群で分けることが一案であろう（図表3-15）。

Step 1にループ　結論を必要に応じて書き直す

　今回の場合は、結論と根拠にズレがないので手元にある情報からは、こ

図表 2-3：無目的にフレームを埋める（再掲）

マーケティング4P分析

Product	Promotion
・過去5年自社は定番の炭酸水のみを販売しているが、競合は2年前に炭酸水を廃止し、レモンフレーバーの炭酸水に集中	・昨年よりECの利用を促すために、アプリ会員へ割引きクーポンを配布 ・競合も同様の活動を実施

Place	Price
・コンビニエンスストアを中心に販売していたが、2年前より、ECでの直販を開始 ・競合も同時期に、同様にECでの直販を開始	・過去5年競合と同等の価格水準を維持してきたが、2年前から若干（5%）競合商品より自社商品の方が価格が低い（自社は95円で競合は100円）

れ以上の更新は必要ないであろう。

　本来は、より具体的にどういった情報が必要なのか、など詳細を詰めるか、あるいはそもそも、購買履歴以外の情報は必要ないのかなどの深掘りが必要であり、調査の結果によっては結論や根拠が変わっていくと思われる。

フレームを埋めただけの資料の改善

　一見秩序だっている資料も、情報が無目的に羅列されているという意味

図表 3-16：結論を見つける

マーケティング4P分析

Product
- 過去5年自社は定番の
  炭酸水のみを販売しているが、
  競合は2年前に炭酸水を廃止し、
  レモンフレーバーの炭酸水に集中

Promotion
- 昨年よりECの利用を促すために、
  アプリ会員へ割引きクーポンを配布
- 競合も同様の活動を実施

Place
- コンビニエンスストアを中心に
  販売していたが、2年前より、
  ECでの直販を開始
- 競合も同時期に、
  同様にECでの直販を開始

Price
- 過去5年競合と同等の価格水準を
  維持してきたが、
  2年前から若干（5%）競合商品より
  自社商品の方が価格が低い
  （自社は95円で競合は100円）

では、これまでと同様の症状だ（図表2-4）。

Step 1　結論を炙り出す：一番大事なところにだけ線を引く

　この資料でも、最も伝えたい部分は何か？　そこに線を引く必要がある。例えば、図表3-16のように価格の部分に線を引いたとしよう。

　どうやら、「競合より自社製品の価格が低いのが問題」というのが結論のようだ。

Step 2　目的を炙り出す：結論に対応する質問を考える

　マーケティングの主要検討項目である、「商品（Product）、販促（Promotion）、販売チャネル（Place）、価格（Price）」の中のどれが問題か？を問うのが目的であると想定される。

> **仮の目的**　競合と比較した際のマーケティングの問題点
> **仮の結論**　競合より価格が低い点

という形だ。

Step 3　結論を具体化する：曖昧な表現になっていないか。
　　　　「例えば」「なぜならば」の原則

「例えば」「なぜならば」の原則を使って結論を精査しよう。短い結論の場合は「なぜならば」をつけてみよう。「競合より価格が低い（なぜならば××）」と考えられる。

　改めて資料を見ると、PlaceとPromotionにおいて競合と大きな差はないが、Productに差がありそうだ。競合は新製品を出しているのに自社の商品は古いままで、そのために競合と比較して自社の商品の価格が安い。

　おそらくこの資料から言いたいことは、「販売チャネルと販促方法に大きな違いはないが、商品の改定をしていないために、販売価格水準が競合

図表 3-17：目的と結論の修正

```
競合と比較した際のマーケティングの問題点
販売チャネルと販促方法に大きな違いはないが、
商品の改定をしていないために、販売価格水準が競合よりも下がっている
```

よりも下がっている」ということであろう（図表3-17）。

Step 4　根拠を作り直す

●横軸を作る

　自社と競合を比較して、結論を出すというのが論理構成なので横軸には、自社・他社・比較結果といった項目が並ぶはずだ。

図表 3-18：縦軸と横軸の設定

競合と比較した際のマーケティングの問題点
販売チャネルと販促方法に大きな違いはないが、
商品の改定をしていないために、販売価格水準が競合よりも下がっている

マーケティングの4Pの視点で自社と他社を比較

	自社	他社	比較結果
Price	・過去5年95円で販売	・2年前から100円で販売	・競合より5％価格が低い
Promotion	・昨年よりEC利用を促すために、アプリ会員割引きクーポン配布	・同左	・自社と競合の施策に差はない
Place	・コンビニエンスストアを中心に販売していたが、2年前より、ECでの直販を開始	・同左	・自社と競合の施策に差はない
Product	・過去5年間、定番の炭酸水のみを販売	・2年前に炭酸水を廃止し、レモンフレーバーの炭酸水に集中	・競合は古い商品を守る自社と異なり、古い商品をなくし新商品に集中

出所：××

●縦軸を作る

　4Pのフレームを基に比較を行うのだから、縦軸には4Pをおくのがよさそうだ（図表3-18）。

縦・横軸はひっくり返せる?

　読者によっては、縦を自社と他社、横を4Pの視点にするべきと思った方もいるであろう。それでも大きな問題はない。

　では2つの構成に違いはないのであろうか? 　微妙なニュアンスの違いではあるが、基本的に縦軸が結論の主語になるので、主語として強調したい方を縦に持っていく方がよい。例えば、図表3-19のように縦横軸を変更すると、自社と他社それぞれの商品のまとめが表される。そうすると、項目ごとに自社と他社を比較した結果を読み取りにくくなる。

　一方で、結論部分は、「販売チャネルと販売方法に大きな違いはない」といった形で4Pの項目を主語に話をしている。結論に合わせるのであれば、主語に相当する部分を縦に配置している元の図表の方が分かりやすいと気付くであろう（図表3-18）。

図表 3-19：縦軸と横軸の設定を逆にする

競合と比較した際のマーケティングの問題点

販売チャネルと販促方法に大きな違いはないが、
商品の改定をしていないために、販売価格水準が競合よりも下がっている

自社と他社をマーケティングの4Pの視点で比較

	Price	Promotion	Place	Product	評価
自社	・過去5年 95円で販売	・昨年より EC利用を 促すために、 アプリ会員 割引きクーポン 配布	・コンビニエンス ストアを中心に 販売していたが、 2年前より、 ECでの直販を 開始	・過去5年間、 定番の炭酸水 のみを販売	・直販を 進めながら 定番の炭酸水を 95円で販売
他社	・2年前から 100円で販売	・同上	・同上	・2年前に 炭酸水を廃止し、 レモンフレーバー の炭酸水に集中	・直販を 進めながら 新規に レモンフレーバー 炭酸水を 100円で販売

出所：××

結論のない資料の改善

　結論がない資料には2つのパターンがあった。1つ目は至極単純に結論が書いていないもので、もう1つは結論らしきものの抽象度が高すぎて分からない場合だ。

　前者のパターンには基本的には先ほどと同じステップを踏む。本人に**一番大事な場所を特定してもらうことで結論の種を拾うのだ。**目的はある程度具体的にあるはずなので、Step 2は省略できる場合がほとんどだ（図表3-9）。

　一方で、後者の結論があっても抽象度が高い資料はStep 3から始める（図表3-20）。すでに結論めいたことは書いてあるので、**「例えば」「なぜ**

図表 3-9：資料の修正ステップ（再掲）

図表 3-20：結論の抽象度が高い資料の修正ステップ

Step 1	Step 2	Step 3 (ここから)	Step 4
結論を あぶり出す	目的を あぶり出す	結論を 具体化する	根拠を 作り直す
・「この資料で一番 　大事な場所1カ所 　に印をつける」 ・（2周目〜） 　結論と根拠の 　ギャップを埋める	・結論に対応する 　質問が何かを 　考える	・耳なじみのいい 　曖昧な表現は 　ないか？ ・「例えば？」 　「なぜならば？」を 　つけてみる	・縦軸はMECEに、 　横軸は結論に至る 　論点を書く

ならば」などを付与して考えさせることで結論を具体化していくのだ。

結論が書いていない資料の改善

　第2章で紹介したメリット・デメリットの資料を再度見てみよう（図表2-4）。これは単純に結論が書いていないので、基本的には、資料を修正するステップは目的がない資料の場合と変わらない。

Step 1　一番大事なところにだけ線を引く

　改めて、この資料で一番伝えたい結論は何だろうか？　資料の目的は明確だ。AかBかを選ぶのであるから、最低限として結論には、AとBどちらが望ましいかが書かれているはずだ。もし、あなたの中で結論が明確ならば、その結論を書いてしまおう。

図表 2-4：結論が書いていない資料（再掲）

システムＡ・Ｂどちらのオプションを選ぶべきか？

	メリット	デメリット
A	・導入コストが 　Bの3分の1に抑えられる	・導入まで3カ月必要 ・特に、既存業務フローを 　変更する必要があるため、 　人員配置の変更や 　マニュアルの変更が必要
B	・操作が容易で、 　誰にでも使いやすく 　即時導入可能 ・既存の人員配置・業務フローの 　変更を行う必要が少ない	・導入コストがAより高く、 　かつランニングコストが毎月必要 ・導入コスト約5億円

　結論が分からず決めあぐねているのであれば、常に同じステップをとる。一番大事だと思う、1カ所に線を引いてみよう。仮に、Aのメリットである、コストが低いという部分に線を引いたとしよう（図表3-21）。

　となると、「Aの方がコストが低いためAを選ぶべき」というのが言いたいことのはずだ（図表3-22）。

Step 2　目的を炙り出す：結論に対応する質問を考える

図表 3-21：結論を見つける

システムＡ・Ｂどちらのオプションを選ぶべきか？

	メリット	デメリット
A	・導入コストが Bの3分の1に抑えられる	・導入まで3カ月必要 ・特に、既存業務フローを変更する必要があるため、人員配置の変更やマニュアルの変更が必要
B	・操作が容易で、誰にでも使いやすく即時導入可能 ・既存の人員配置・業務フローの変更を行う必要が少ない	・導入コストがAより高く、かつランニングコストが毎月必要 ・導入コスト約5億円

　今回の場合は、目的はすでに設定されており、想定される結論とも矛盾がないので、この工程はパスする。

Step 3　結論を具体化する：曖昧な表現になっていないか。
　　　　「例えば」「なぜならば」の原則

「システムＡ・Ｂどちらのオプションを選ぶべきか？」という質問に対して、「Aの方がコストが低いためAを選ぶべき」という結論は、具体的で伝

図表 3-22：結論を明記

システムA・Bどちらのオプションを選ぶべきか？
Aの方がコストが低いためAを選ぶべき

	メリット	デメリット
A	・導入コストが Bの3分の1に抑えられる	・導入まで3カ月必要 ・特に、既存業務フローを 変更する必要があるため、 人員配置の変更や マニュアルの変更が必要
B	・操作が容易で、 誰にでも使いやすく 即時導入可能 ・既存の人員配置・業務フローの 変更を行う必要が少ない	・導入コストがAより高く、 かつランニングコストが毎月必要 ・導入コスト約5億円

わりやすそうだが、なぜBがダメなのかについての説明は不足している。

　Aのデメリットは導入の時間が長いことだ。一方でBは値段が高くても使いやすい。つまり、導入に時間がかかっても、使いにくくても、それでも安い方を優先する理由があるはずだ。

　結論に「なぜならば」をつけてみよう。「Aの方がコストが低いからAを選ぶべきだ、**「なぜならば」**Bを購入する予算がそもそもないからだ」や「コストの低いAを選ぶべき。**「なぜならば」**導入を急ぐ必要がなく、

時間をかけて使い方を学ぶこともできるためである」といった、結論が出てくるはずだ（図表3-23）。どの結論が正しいかは手元の資料からは判断できないので、ここでは仮に後者を採用してみよう。

Step 4　根拠を作り直す

　新しい結論ができたら、新しい論拠を作らなくてはならない。例えば、新しい資料は根拠の部分の説明が不足、あるいは誤解を及ぼす内容である

図表 3-23：結論の再修正

システムA・Bどちらのオプションを選ぶべきか？
**コストの低いAを選ぶべき。導入を急ぐ必要がなく、
時間をかけて使い方を学ぶこともできるためである**

	メリット	デメリット
A	・導入コストが Bの3分の1に抑えられる	・導入まで3カ月必要 ・特に、既存業務フローを 変更する必要があるため、 人員配置の変更や マニュアルの変更が必要
B	・操作が容易なので、 誰にでも使いやすく 即時導入可能 ・既存の人員配置・業務フローの 変更を行う必要が少ない	・導入コストがAより高く、 かつランニングコストが毎月必要 ・導入コスト約5億円

のが分かるであろうか？（図表3-23）

　今回はサービスの導入に時間がかかることは許容できることであり、当事者にとっての「デメリット」ではない。メリット・デメリットの有無の評価は、特定の指標に基づいて比較検討を終えた後の結果なので、既存の表を見ても、読み手にとっての評価に必ずしもなっていない。

● **横軸を作る**

　結論の論理構成は、AとBを比較してその結果を示すというものだから、A、B、比較結果という項目が並ぶはずだ。

● **縦軸を作る**

　AとBを比較する評価項目が縦に並ぶはずだ。今回の場合、①費用、②導入時間、③利用の難易度でもって、AとBを比較しているので、縦にはこの3つが並ぶはずだ。

　さらに、この3つの中でも重要度が違うはずだ。Aにとって大事なのはコストで、それ以外は重要度が落ちる。比較項目に重要度をつけて比較しており、その重要度をもって評価をすることが目的に資するので、3つの項目を重要度順に並べてあげるといいであろう（図表3-24）。

Step 1にループ　**結論を必要に応じて書き直す**

　今回の場合は、結論と構造が明確に対応しており、新たに結論に変更を加えるような論理構成の変化は生じていないので、結論はさらに変える必要はないであろう。

図表 3-24：縦軸と横軸の設定

システムA・Bどちらのオプションを選ぶべきか？

コストの低いAを選ぶべき。導入を急ぐ必要がなく、時間をかけて使い方を学ぶこともできるためである

重要度	比較項目	オプション比較				比較結果
		オプションA		オプションB		
高	費用	低	1.7億円	高	5億円	・最も重要な費用は、Aの方が低いのでAの優先度が高い
低	導入時間	高	3カ月	低	即時導入可能	・導入時間はBの方が短いが、コストよりも重要な指標ではない
	利用の難易度	高	業務フロー、人員配置、マニュアルの変更が必要	低	業務・配置変更は少ない	・利用の難易度はBの方が低いが、コストよりも重要な指標ではない

出所：××

メリット・デメリットでまとめるのは実は難しい

　社会人生活の中で、何らかの商品・オプションのメリットとデメリットが整理されている資料を見ることは多いのではないだろうか。そうした資料は使いまわされることが多く、あちらの営業資料、こちらの企画書と、コピーされていく。

　しかし、同じメリット・デメリットの資料が異なる相手に提示されているのはおかしい。顧客によって何がメリット・デメリットかは変わるはずだ。

　大金持ちの人にとっては製品費用が高いことは大したデメリットではないが、お金がない人にとってはそうではないであろう。

　もしメリット・デメリット資料の使いまわしを見つけたら、相手に合わせた評価軸を設定した資料を用意し直そう。

結論の表現が曖昧な資料の改善

　結論は書かれているが表現が曖昧な場合は、Step3の結論の具体化から始めていく。

図表 3-20：結論の抽象度が高い資料の修正ステップ（再掲）

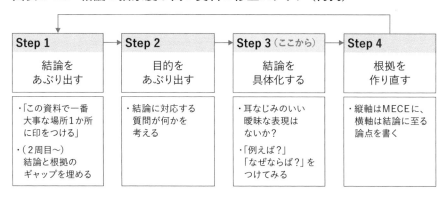

Step 1	Step 2	Step 3 （ここから）	Step 4
結論を あぶり出す	目的を あぶり出す	結論を 具体化する	根拠を 作り直す
・「この資料で一番 大事な場所1か所 に印をつける」 ・（2周目〜） 結論と根拠の ギャップを埋める	・結論に対応する 質問が何かを 考える	・耳なじみのいい 曖昧な表現は ないか？ ・「例えば？」 「なぜならば？」を つけてみる	・縦軸はMECEに、 横軸は結論に至る 論点を書く

図表 2-5：結論に書いてある言葉が抽象的な資料（再掲）

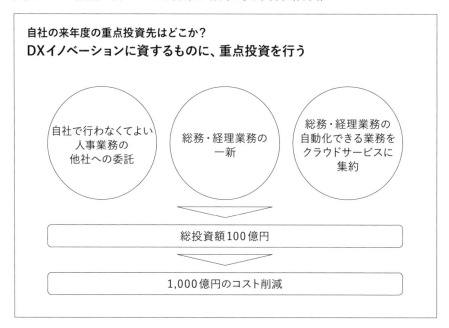

第2章で紹介した資料は図表2-5だ。

Step 3　結論を具体化する：曖昧な表現になっていないか。
「例えば」「なぜならば」の原則

この資料は目的と結論に対応するものが一応書かれているので、主に結論を具体化するところから始めることになる。

この結論は第1章で説明した曖昧な表現の典型的なパターンだ。耳なじみはいいが、この結論を伝えたら「DXイノベーションって具体的に何？」と受け手は思うであろう。「例えば」「なぜならば」のルールに戻ろう。「DXイノベーションに資するもの（例えば××）に重点投資を行う（なぜならば＋＋したいから）」といった構成になるはずだ。

人事業務の外部委託と、総務・経理業務をクラウドサービスに集約することがDXイノベーションの事例になりそうだ。そして、DXイノベーションを行いたい理由は1,000億円のコスト削減のようだ。

そのため、耳なじみのいい言葉を排して書くのであれば、「人事業務の外部委託と総務・経理業務のクラウドサービス集約を100億円をかけて行い、1,000億円のコストカットを行う」といった結論になるはずだ（図表3-25）。

なお、図表2-5の総務・経理業務の一新は、具体例が分からないので、クラウドサービスに集約と同じとみなす。

図表 3-25：結論の修正

自社の来年度の重点投資先はどこか？
**人事業務の外部委託と総務・経理業務のクラウドサービス集約を
100億円をかけて行い、1,000億円のコストカットを行う**

Step 4　根拠を作り直す

●横軸を作る

　結論の基本的な構造は、目的（コスト削減）を果たすための手段（業務の委託・集約）の説明だ。そのため、横軸の構造も目的と手段になる。そこに加えて、必要な投資額と期待される効果が整理されているはずだ。

●縦軸を作る

　今回のコスト削減対象が分類されているはずだ。主に人事業務の費用削

図表 3-26：縦軸と横軸の設定

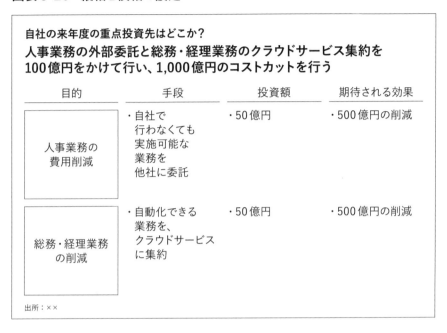

自社の来年度の重点投資先はどこか？
**人事業務の外部委託と総務・経理業務のクラウドサービス集約を
100億円をかけて行い、1,000億円のコストカットを行う**

目的	手段	投資額	期待される効果
人事業務の費用削減	・自社で行わなくても実施可能な業務を他社に委託	・50億円	・500億円の削減
総務・経理業務の削減	・自動化できる業務を、クラウドサービスに集約	・50億円	・500億円の削減

出所：××

減と、総務・経理業務の削減について話しているので、縦軸はその2つで分類される。投資額と削減効果が2つとも同等だと仮定すると、例えば図表3-26のような形になるはずだ。

Step 1 にループ　結論を必要に応じて書き直す

今回の場合は、結論と根拠にギャップがないのでここで修正を止める。

根拠が分からない資料の改善

根拠が曖昧な資料は、目的と結論がある程度そろっているはずなので、Step 4から入っていく。（図表 3-27）

図表 3-27：根拠が分からない資料の修正ステップ

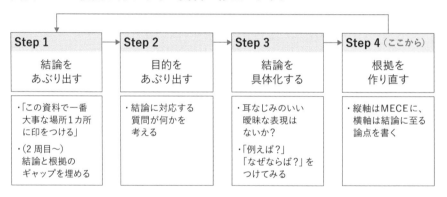

Step 1	Step 2	Step 3	Step 4（ここから）
結論をあぶり出す	目的をあぶり出す	結論を具体化する	根拠を作り直す
・「この資料で一番大事な場所1カ所に印をつける」 ・（2周目～）結論と根拠のギャップを埋める	・結論に対応する質問が何かを考える	・耳なじみのいい曖昧な表現はないか？ ・「例えば？」「なぜならば？」をつけてみる	・縦軸はMECEに、横軸は結論に至る論点を書く

整理軸はあるが軸に不足がある資料①：結論に辿り着くための論点が不足

Step 4　結論を支える根拠を「作り直す」

　図表2-6は第2章で示したように、「昨年度と同様の問い合わせ件数が見込まれる」という部分の説明が、根拠の部分で説明しきれていない。昨

図表 2-6：証拠の整理軸が不足している資料（再掲）

A コールセンター、来年度の問い合わせ対応の上限契約数（はいくつか？）
月当たり10万件の問い合わせに対応することで契約を結ぶ。
昨年度と同様の問い合わせ件数が見込まれるためである

コールセンター名	昨年度の月ごとの問い合わせ件数 (千件)											
	4	5	6	7	8	9	10	11	12	1	2	3
A	80	40	20	100	90	80	30	20	10	15	39	80
B	10	21	24	1	10	40	24	10	10	40	24	10
C	101	210	180	101	142	103	134	132	145	132	121	195

年度の 10 万件を超えない見込みの根拠が必要だ。手元の情報（図表 2-6）
では分類できないが、問い合わせの内容が増えないことを、昨年度と今年
度にやることを比較しながら説明するはずだ。

　こういう場合は、縦横軸の構成を示して、自分で調べるなり、誰かに調
査をお願いすることになる。

● **横軸を作る**

　業務を昨年度と今年度で比較し、そこに差がないことを示したうえで、

図表 3-28：縦軸と横軸の設定

Aコールセンター、来年度の問い合わせ対応の上限契約数（はいくつか?）
月当たり10万件の問い合わせに対応することで契約を結ぶ。
昨年度と同様の問い合わせ件数が見込まれるためである

Aコールセンターの昨年度の問い合わせ状況と今年度施策

問い合わせ 項目	主な施策の変化			昨年度の月当たりの 最大問い合わせ件数
	昨年度施策	今年度施策	比較結果	
入会	約1億円の入会 キャンペーンを 実施	同等規模を 想定	昨年度と 同等業務	40,000
操作説明	夏に1件 新商品を投入	今年も1件 年内に新商品を 導入予定	同上	40,000
退会	過剰な 退会抑止施策の 廃止	同左	同上	20,000

出所：××

問い合わせ件数が示されるはずだ。そのため、最低限、昨年度施策・今年
度施策・業務の差の有無（比較結果）・昨年度の月当たりの最大問い合わ
せ件数といった項目が並ぶ。

● **縦軸を作る**

　業務の種類ごとに話を進めており、仮にコールセンターの問い合わせ内
容が大きく入会・操作説明・退会の3つの問い合わせ項目があるとしたら、
縦軸はその3つの業務で表されるはずだ（図表3-28）。

図表 3-29：結論の再修正

Aコールセンター、来年度の問い合わせ対応の上限契約数（はいくつか？）
来年度は10万件／月の問い合わせに対応。全問い合わせ内容において、昨年度と同様の問い合わせ件数が見込まれるためである

Aコールセンターの昨年度の問い合わせ状況と今年度施策

問い合わせ内容	主な施策の変化			昨年度月当たりの最大問い合わせ件数
	昨年度施策	今年度施策	比較結果	
入会	約1億円の入会キャンペーンを実施	同等規模を想定	昨年度と同等業務	40,000
操作説明	夏に1件新商品を投入	今年も1件年内に新商品を導入予定	同上	40,000
退会	過剰な退会抑止施策の廃止	同左	同上	20,000

出所：××

Step 1にループ　結論を必要に応じて書き直す

　改めて見直すと業務ごとに細かく整理したうえでの結論なので、各業務において昨年度と変化がない旨を、明記した方がよいであろう（図表3-29）。

図表 2-7：大事な論理が矢印でごまかされている資料（再掲）

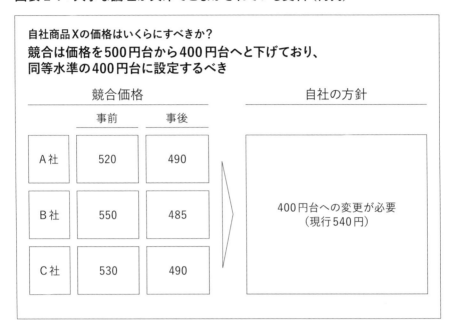

整理軸はあるが軸に不足がある資料②：
大きな矢印は思考停止の証拠

Step 4　根拠を作り直す

　目的と結論が具体的に示されているので、根拠を精査するところから始
める。前章で指摘した通り、この資料は、一見筋が通っていそうで大事な
ところが抜けている。競合の価格が下がったからといって常に自社も価格

を下げる必要はないはずだ。価格を下げるべきと判断した理由が説明されているはずだ。

　ところがその根拠は大きな矢印に込められてしまっていて、読み手は判断できない。おそらく、競合と同様に値段を下げなくてはいけないということは、顧客に提供する価値や機能がほぼ競合と変わらないはずである。ということは、価格の比較だけでなく、製品の性能などの比較があったうえでの結論のはずだ。

●横軸を作る

　競合と自社を比較し、その結果を示す。という結論の構成なので、比較項目、競合、自社、比較結果という項目が出てくるはずだ。

●縦軸を作る

　今回の場合は性能面で自社と競合を比較しているので、大きく性能と価格が並ぶはずだ。性能を表現する指標は既存資料には書かれていないので、新規で定めなくてはいけない。製品知識があれば、資料作成の指示を出す側が設定し、なければリサーチをしなくてはいけない。仮に、プラスチックのような製品だとして、製品の燃えにくさ（難燃性）と透明性の2つが大事なのだとしたら、性能をその2つの指標で表すことになる（図表3-30）。

図表3-30：縦軸と横軸の設定

自社商品Xの価格はいくらにすべきか？

競合は価格を500円台から400円台へと下げており、同等水準の400円台に設定するべき

自社と競合の性能・価格比較

比較項目		競合			自社	比較結果
		A	B	C		
性能	難燃性	高	中	高	中	最も性能の低いBと同等
	透明性	高	中	中	中	同上
単位当たり価格（円）		490	485	490	540	自社のみ500円台と割高

出所：××

図表 3-31：結論の再修正

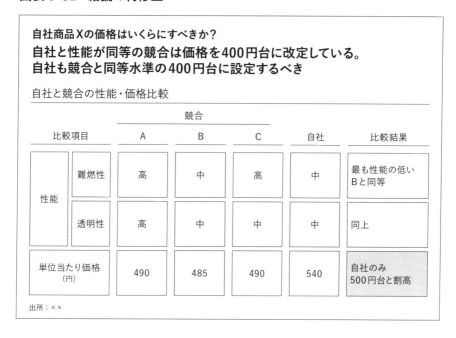

自社商品Xの価格はいくらにすべきか？
自社と性能が同等の競合は価格を400円台に改定している。
自社も競合と同等水準の400円台に設定するべき

自社と競合の性能・価格比較

比較項目		競合			自社	比較結果
		A	B	C		
性能	難燃性	高	中	高	中	最も性能の低いBと同等
	透明性	高	中	中	中	同上
単位当たり価格（円）		490	485	490	540	自社のみ500円台と割高

出所：××

Step 1にループ　結論を必要に応じて書き直す

　改めて結論部分を見ると、今回抜けている性能比較への言及がない。結論部分にも価格を変更する理由として、製品性能について言及するとよいであろう（図表3-31）。また、現時点での価格を比較しているので、価格の変化については言及しなくてよい。

図表 3-32：結論の言葉が曖昧な資料

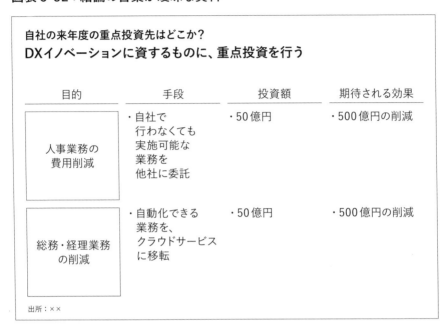

自社の来年度の重点投資先はどこか？
DXイノベーションに資するものに、重点投資を行う

目的	手段	投資額	期待される効果
人事業務の費用削減	・自社で行わなくても実施可能な業務を他社に委託	・50億円	・500億円の削減
総務・経理業務の削減	・自動化できる業務を、クラウドサービスに移転	・50億円	・500億円の削減

出所：××

整理軸がない資料①：絵でごまかす

　図表3-26 ですでに改善案を提示しているので、ここでは結論が曖昧なままでも整理軸があると伝わりやすくなるテクニックをお伝えする。前述のコラムで、あえて結論部分に抽象的な言葉を使う場面を紹介した。流行のカタカナは時に人の気を引くために有効だ。

　あえて結論部分に曖昧な言葉を使う場合は、仮に結論部分が曖昧でも、

図表 3-33：曖昧な言葉を活かす資料

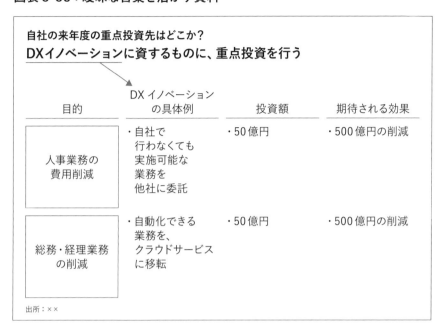

自社の来年度の重点投資先はどこか？
DXイノベーションに資するものに、重点投資を行う

目的	DX イノベーション の具体例	投資額	期待される効果
人事業務の 費用削減	・自社で 行わなくても 実施可能な 業務を 他社に委託	・50億円	・500億円の削減
総務・経理業務 の削減	・自動化できる 業務を、 クラウドサービス に移転	・50億円	・500億円の削減

出所：××

根拠の部分が整理されていることで一定程度曖昧な部分を解消することができる。図表3-26 の改善案の結論を、古いバージョンに戻してみよう（図表3-32）。

　結論部分が曖昧でも、根拠の部分が構造的に整理されているので、何をどうするのかが具体的に分かるようになっている。図表の表頭の「手段」の部分を、「DXイノベーションの具体例」と換えることで、結論と根拠のつながりを古いバージョンよりは明確にできる（図表3-33）。

図表 2-9：証拠の矢印が混乱している資料（再掲）

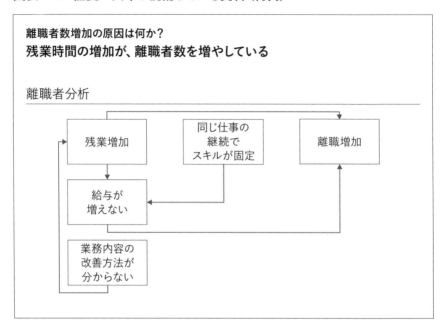

離職者数増加の原因は何か？
残業時間の増加が、離職者数を増やしている

離職者分析

残業増加

同じ仕事の
継続で
スキルが固定

離職増加

給与が
増えない

業務内容の
改善方法が
分からない

整理軸がない資料②：
複雑に絡まり合った矢印や絵は混乱している証拠

　自分の頭が整理できていない中で複雑な因果関係を説明しようとすると、図表2-9のような資料が出てくる。

Step 4　**根拠を作り直す**

図表 3-34：証拠の論理を改めて理解する

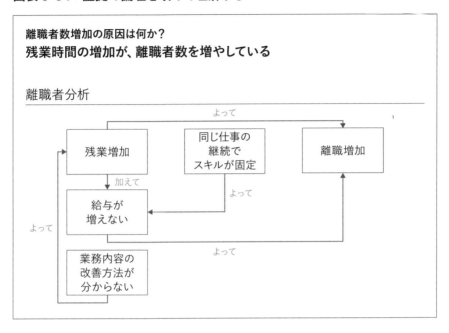

離職者数増加の原因は何か？
残業時間の増加が、離職者数を増やしている

離職者分析

　原因と結果が数珠つなぎになっている場合、因果関係が整理できずに矢印がグチャグチャにつながっていくことがある。こうした資料は縦横軸の設定が抜け落ちている。

　矢印のよくないところは、論理の接続詞が曖昧なことだ。自身で因果関係を明らかにするために、一度接続詞を書いてみることをお勧めする。接続詞を付与することで、それぞれのつながりが可視化され、構造で整理しやすくなる（図表3-34）。論理に飛躍を感じる場合は情報が不足している。

図表 3-35：縦軸と横軸の設定

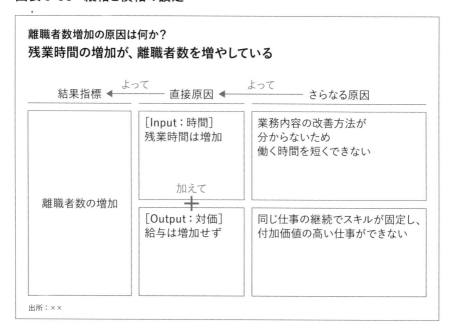

例えば、どうしてスキルが固定化されると給与が増えないのかが分からなければ、スキルが変わらないことでより付加価値の高い仕事ができないから、給与が増えないといった補足が必要になる。

●**横軸を作る**

基本的には結果指標である離職者数に対して、その発生原因を示している。直接的原因が2つあり、それぞれにさらなる原因がある。ということは、結果指標、直接原因、さらなる原因とつながるはずだ。

図表 3-36：結論の再修正

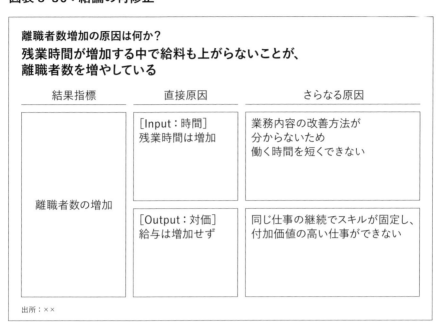

離職者数増加の原因は何か？
残業時間が増加する中で給料も上がらないことが、
離職者数を増やしている

結果指標	直接原因	さらなる原因
離職者数の増加	[Input：時間] 残業時間は増加	業務内容の改善方法が 分からないため 働く時間を短くできない
	[Output：対価] 給与は増加せず	同じ仕事の継続でスキルが固定し、 付加価値の高い仕事ができない

出所：××

●縦軸を作る

　今回の場は、離職者数という１つの結果指標の原因を探るので、結果から書くのであれば、縦軸は離職者数になる（図表3-35）。

Step 1にループ　結論を必要に応じて書き直す

　改めて構造を整理すると、直接的には労働時間が長いこと、さらに給料も上がらないことが原因なので、結論部分を修正したほうがより正しい結

論になりそうだ（図表3-36）。

まとめ

資料作成の終わりはどこにある？

　主に３つのタイプの残念な資料をどのように修正するかを見てきた。**どこか１カ所の不備を直せばいいのではなく、目的、結論、根拠の全てを順序立てて直さなくてはいけない。**根拠の不備を直せば、結論が変わり、結論が変われば資料の目的も変わっていく。修正ステップにもあるように、資料の修正に明確な終わりはない。

図表 3-9：資料の修正ステップ（再掲）

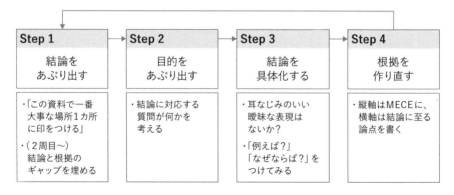

そんな中で、終わりを迎える現実的な目安をお伝えしておこう。①自分・チーム視点と②報告相手からの視点の２つで考える。

　①自分やチームのメンバーが、資料への大きな修正点が見つからない場合はいったんの終わりだ。現実的には"時間切れ"といったこともあるが、それは望ましくなく、今回伝えなくてはいけない内容がしっかりと書かれていると思えればOKだ。"時間切れ"で完璧な資料が作れない場合は、目的と結論の部分だけでも修正しきることをお勧めする。

　②そもそも資料は誰かを説得するためにあるので、相手が納得したらそれで終わりだ。相手の置かれた状況で説明の細かさは変わるはずだ。相手が不慣れな領域での説明は情報量がどうしても多くなるだろうが、相手が慣れている領域であれば、端的に伝えて終わる場合もある。

　筆者が若手だったころ、野村総研では"珠玉の一枚"という言葉が流行っていた。考えに考えて、１枚に要点をまとめ切ったうえで、それが自己満足ではなく、実際に顧客の会社の意思決定を促した資料を指す。"いい資料"のさらに上の、最上級の資料だ。
　よく先輩からそこまでの資料は１年に１枚あればよい方と言われたが、しっかりとはまれば、資料１枚で意思決定は促せる。本書の冒頭のような、

ただただ、枚数が増えて自分も相手も混乱するようなことには陥らないは
ずだ。

第 **4** 章

資料の
構成を考える

１枚の資料を直す方法が分かれば、多くの場面を乗り切ることができる。"珠玉の一枚"ほど大げさなものにならずとも、日々のミーティングの小さな意思決定であれば、資料１枚がしっかりまとまっていればそれで十分という場面も多い。

　そのうえで、本章では複数枚の資料をうまく構成する方法をお伝えしよう。基本的な考え方は、**目的、結論のペアを作ること、その次にそれらを物語になるように並べるというものだ**（なお本章では、１枚１枚の資料は完成している前提で、話を進めていく）。

手元の資料の
目的と結論のペアを並べてみる

　簡単な事例で見てみよう。あなたがパン屋を運営しているとして、売上が落ちているので新しい商品を作りたいと考えているとしよう。部下と手分けして、バラバラに考えながら、考えた結果の資料を持ちよった。

　あなたが作った資料の目的と結論のペアは下記の２つだ（つまり資料を２枚作っている）。

目的　来てほしいお客さんを決める
結論　夕方の学校帰りの学生にパンを買ってほしいのだが、他の時間

帯と比べ、同時間帯の売上が落ちているので、学生の売上を回復したい

目的　来てほしいお客さんが他のパン屋でよく買うものを明らかにする

結論　斜向かいの競合店舗では、学生がよくシナモンやチョコの粉がかかっているチュロスを買っているのを見かけると、アルバイトの複数社員が言っていた

一方で、部下はこんな資料を作っていた。

目的　競合にない自店舗商品は何か？

結論　競合の方が品揃えが多く、自店舗だけで買える商品がない

　３つの資料は、それぞれ商品を決めるために関係がありそうな話をしているが違う話をしている。また、結局、何の商品を作るかは決められていない。あなたは顧客の視点からものを見ていて、顧客がよく買う商品を探している。一方で、部下は競合と自店舗の差に着目している。

　どうやら来てほしいお客さんが、競合店でよく買っているものは分かっていて、さらに少なくとも競合店の方が、自店舗より商品の種類が多そうなことは分かる。が、この情報だけでは、お客さんが競合店でよく買う商

品が、自社にあるのかないのかは確証がない。

　お客さんがよく買う商品が、自社にもあるのに買われていないのか、そ
もそも自社に置かれていないのかで、対応方針は違いそうだ。もし、ない
のであれば、まずは同じ商品を作ってみることもできる。こういうときは、
目的を組み合わせながら、ストーリーを組み直してみる。

目的　（顧客は誰か？）

↓

目的　（顧客が買う商品は何か？）

↓

目的　（顧客が買う商品が自社にあるか？）

↓

目的　（結局、新たに作る商品は何か？）

　当然新しく目的が設定されたら資料は作り直さなくてはいけないが、む
やみやたらに作るよりも、効率性が高まる。仮の結論も添えてしまうと、
作業の効率性が上がる。

目的　（顧客は誰か？）

結論　最も売上の減少幅が大きい、学生顧客を対象とする

↓

目的 （顧客が買う商品は何か？）

結論 学生は競合店でチュロスを買っている

↓

目的 （顧客が買う商品が自社にあるか？）

結論 自社にはチュロスがない

↓

目的 （結局、新たに作る商品は何か？）

結論 チュロスを作るべき

この作業に慣れてくると、資料作成を開始する前に、一連の目的と結論の流れを作ることができるようになる。よく、コンサルティング会社が書いている資料作成の教科書や、仮説思考の本に、先にメッセージを作りなさいと書いてあるのと同義だ。

間違っていてもいいから、資料の目的・結論の構成を先に作ってしまうと、資料を作る側が今何を自分たちが分析・整理しているかが分かるので効率性がとても高まる。

"正しい"目的の選び方

先に目的と結論の構成を作るといっても、当然完璧なものは誰も作れな

い。そんな中でも、なるべく"はずさない"、目的の一覧を作るためのコツをご紹介する。1つは、粗い段階でも「意思決定者とすり合わせる」こと、もう1つは「既存の知識を活用する」ことだ。

意思決定者とすり合わせる

物事を決める際には、常に一本道ではなく、意思決定者の意思や、会社の置かれた状況が影響する。

パン屋の事例は競合との比較で作る商品を決めたが、別に他社のことは無視して、自分だけで何か新商品を作るという道もあるかもしれない。だとしたら、あなたが用意した資料は使わないので無駄になってしまう。

一方で、パンの斬新な新商品を作るのはとても難しく、何年もかかるものだとしたら、どうなるだろうか？ あなたの店は新商品ができる前に潰れてしまうかもしれないから、斬新な商品を作るという選択肢は、取り難い。現実的には取られない選択肢を細かく検討し資料を作るのは時間の無駄かもしれない。

そういうときは意思決定者に早めに構成を見せて、資料を作り込む目的を絞り込んでしまうことをお勧めする。例えばこのような形だ。

目的 （顧客は誰か？）
結論 最も売上の減少幅が大きい、学生顧客を対象とする
　↓

目的 （顧客が買う商品は何か？）来てほしいお客さんが他のパン屋
    でよく買うものを明らかにする

結論 学生は競合店でチュロスを買っている

↓

目的 （顧客が買う商品が自社にあるか？）

結論 自社にはチュロスがない

↓

目的 （まだ見ぬ新商品を作るべきか？　競合にあって自社にない商
    品を作るべきか？）

結論 いつ完成するか分からない商品を作るための資金と時間の余裕
    がないので作らない。競合店で売れていて自社にないチュロス
    を作るべき

　もちろん、意思決定者は同意しないかもしれない。どうにか銀行や投資
家を説得して金を集めるから、やっぱり新商品の可能性も検討しよう、と
夢を持って語るかもしれない。その場合は、あなたが作ろうとしている資
料は全く見当違いのものになってしまうので、作り始める前に意思決定者
と議論をしておく必要がある。

既存の知識を活用する

　意思決定者と早めに話すといっても初期案としてどんな目的を定めるべ

きか分からないという方もいるであろう。そういう場合は、知識が不足していることが多い。例えば、初めて企業買収をする人は、企業の価値をどうやって評価するのか見当もつかないだろう。

　そういう場合は誰かの知識を借りることをお勧めする。方法は2つだ。1つ目は本や論文などで、似たような過去事例を探すことだ。ビジネスの多くの部分において似たような検討は過去にされており、押さえなくてはいけない論点、すなわち資料で書かなくてはいけない点は学ぶことができる。

　例えば先の企業価値評価の話であれば、事業デューデリジェンスなどの教科書的な本で、押さえるべき論点は紹介されている。先のパン屋の例のようなマーケティング関連も多くの書籍で押さえるべき論点が紹介されている。顧客となる対象のセグメントを選び、顧客から選んでもらうための理由を考え、すでに型が決まっているものの論点はとても有用だ。

　もちろん、公開されている本や論文では、詳細な情報は分からないかもしれないうえに、例えば特定技術の話など細かい話は分からないことも多い。

　そういう場合は、2つ目の手段で社内外の専門家に聞くことをお勧めする。一番手っ取り早いのは社内の物知りに聞いてしまうことだ。過去同じような検討をしたときに、どうやって判断したのかを聞くことで押さえるべき論点が見えてくるはずだ。各社固有の検討事項も浮き彫りになりやすい。

社内に見当たらない場合は外部を使うことになる。近年は専門家をマッチングしてヒアリングをさせてくれるサービスもあり、外部の知識を獲得しやすくなっている。

資料作成の構成の渡し方

構成ができたら、資料作成担当者に方針を伝える。目的・結論のペアだけではなく、そこを支える軸の候補も書いてあると、効率性が上がる。

目的 （顧客は誰か？）

結論 最も売上の減少幅が大きい、学生顧客を対象とする

軸 縦：顧客分類　横：売上推移

↓

目的 （顧客が買う商品は何か？）

結論 学生は競合店でチュロスを買っている

軸 縦：商品分類　横：学生からの売上

↓

目的 （顧客が買う商品が自社にあるか？）

結論 自社にはチュロスがない

軸 縦：商品分類　横：自社・競合の比較

↓

目的 まだ見ぬ新商品を作るべきか？　競合にあって自社にない商品

を作るべきか？

結論 いつ完成するか分からない商品を作るための資金と時間の余裕がないので作らない。競合店で売れていて自社にないチュロスを作るべき

軸 縦：オプション（新商品、チュロス）

横：比較項目（資金、時間）

　基本的な構成は4枚になるはずで、それぞれ担当を割り振ることで、作業を進める。作業を分担する際に、資料ごとのつながりにも着目するとよい。例えば、1枚目の想定していた結論が間違っていた場合、2枚目の結論も修正されるはずだ。例えばターゲットが学生ではなく、高齢者になるかもしれない。

　つながりが強い資料は、同じ担当者に作業を依頼するとよい。スプレッドシートなどに、構成をまとめておくと、進捗確認もしやすい（図表4-1）。

図表4-1：資料の構成の示し方

目的	結論	検証方法（縦横軸）	担当	期限
顧客は誰か？	最も売上の減少幅が大きい、学生顧客を対象とする	縦：顧客分類 横：売上推移	佐藤さん	10/1
顧客が買う商品は何か？	学生は競合店でチュロスを買っている	縦：商品分類 横：学生からの売上	佐藤さん	10/1
顧客が買う商品が自社にあるか？	自社にはチュロスがない	縦：商品分類 横：自社・競合の比較	田中さん	10/2

第 **5** 章

色使い、
罫線・強調、グラフ

資料の見た目や、グラフの作成方法については、『マッキンゼー流 図解の技術』（ジーン・ゼラズニー著、東洋経済新報社）、『Google 流資料作成術』（コール・ヌッスバウマー・ナフリック著、日本実業出版社）といった既存の優れた本が詳細に説明してくれている部分もあるので、本書では要点のみお伝えする。

引き算の美学

資料作成の話をすると、「見た目」に関する話にどうしても目線が移ってしまう。**色を重ねたりフォントを太くしたり斜めにしたりと装飾しがちだが、得てしてそれらは「無駄」なことが多く、むしろやらない方がいいことが多い。**

色は基本的に要らない：色をなくす

資料を書こうとすると、カラフルな色彩を使うことにとらわれてしまう人がいたり、あるいは無目的に初期設定の色を使ってしまう人もいる。

基本的に色は、論理と整合性をもって使わなくてはいけない。例えば、イントロで紹介した図表0-1は、青とグレーの3種類の地色が使われている。

無目的に色を使う必要はない。着目してほしい部分だけ色を強調すればよく、例えば、あえて色を付けるならば、結論にそぐうD社の部分に青色

図表 0-1：部下の提出資料（再掲）

提携候補先のまとめ

会社名	売上規模	自社との相性	その他・最近の取り組み
ホテル A社	1,000億円	△ （自社とは関係がない?）	環境にやさしい部屋作りのために、 メモ帳や紙の案内資料を 部屋から撤廃したい
カフェ B社	500億円	△ （自社とは関係がない?）	パソコンなどの、 仕事を想起させるものを 店内から除きたい。 休日の息抜きがテーマ
カフェ C社	100億円	○ （自社と同じ会社員が ターゲット顧客）	日中のビジネス需要を取り込みたい。 PCやスマホなどのデバイス用の 充電方法（電池、アダプタ貸出）を 増やしたい
シェア オフィス D社	800億円	○ （自社と同じ会社員が ターゲット顧客。 リモートワーク需要への期待）	顧客がシェアオフィスを 利用するたびに、 新しい情報や体験を提供したい

出所：××

を1色使うだけで視線をコントロールできる（図表0-3）。

図表 0-3：部下の提出資料（改善例）

提携候補先の1社への絞り込み
**D社が有力な候補。十分な事業規模を持つうえ、
自社と協力し、ターゲット顧客に販促施策を実施できるため**

提携可否	社名	事業規模は十分か？（100億円以上）		ターゲット顧客が同じか？		相手のニーズを満たせる可能性はあるか？			
						相手が求めること		自社が提供できるか	
可	シェアオフィスD社	○	800億円	○	リモートワークをする企業の会社員	シェアオフィスを利用するたびに、新しい情報や体験を顧客に提供したい		○	オフィスの個室に、ボールペンとノートを設置し、メモしやすい環境を提供
不可	カフェC社	○	800億円	○	日中に仕事をしたい会社員	PCやスマホなどのデバイス用の充電方法（貸し電池、アダプタ貸出）を提供したい		×	デバイスは自社の製品・サービスラインナップの対象外
	ホテルA社	○	1,000億円	×	地方からの観光客	環境にやさしい部屋作りのために、メモ帳や紙での案内を部屋から撤廃したい		×	紙を撤廃するため、ボールペンを部屋に置くことが困難
	カフェB社	○	500億円	×	休日の息抜きをしたい大人	パソコンなどの仕事を想起させるものを店内から除きたい		×	仕事向けのボールペンが自社の商品であり、相手の意向と合致しない

色を重ね始めたら、立ち止まって中身を見返す

　よくありがちなのが、色を重ねていくパターンだ。図表 2-6 のダメ資料を思い出していただきたい。

　本来Aコールセンターの話だけをすればいいところを、余分にBとCの話も付け加えていることで、情報が過剰になっている。

　それに気づいたからこそ、さらに太字の枠を載せている。しかし、①そ

図表 2-6：証拠の整理軸が不足している資料（再掲）

Ａコールセンター、来年度の問い合わせ対応の上限契約数（はいくつか？）
月当たり10万件の問い合わせに対応することで契約を結ぶ。
昨年度と同様の問い合わせ件数が見込まれるためである

コールセンター名	昨年度の月ごとの問い合わせ件数（千件）											
	4	5	6	7	8	9	10	11	12	1	2	3
A	80	40	20	100	90	80	30	20	10	15	39	80
B	10	21	24	1	10	40	24	10	10	40	24	10
C	101	210	180	101	142	103	134	132	145	132	121	195

もそも資料作成のルールに従い無駄な情報を省く（B・Cは要らない）、②
無駄な色を使わない、を徹底していれば、そんなことは起こらないはずだ。

　目的・結論との整合性をわきにおいて、仮に今の図表の形のままAだけ
を強調させたいのだとしても、無駄な色を使わずに1カ所だけ色を付けた
らそこに目が行くことが分かるであろう（図表5-1）。

　色は重ねてはいけない。色の数が増えていったら、むしろ色をなくすこ
とを考えるべきだ。

図表 5-1：色をなくした方が強調される

昨年度の月ごとの問い合わせ件数（千件）

コールセンター名	4	5	6	7	8	9	10	11	12	1	2	3
A												
B												
C												

文字の色・太字・斜体・下線をなくす

　青色の図表に赤色の枠を重ねるのと同じロジックで、自分の言いたいことが分からなくなると、文字に色を付け、太字にし、斜体にし、下線を引く場合がある。例えば図表5-2はどこが大事か分かるだろうか？

　3・4項目は太字と下線の二重強調、6項目は太字と斜体、8項目は下線、9項目は青字。二重に強調されているという意味では、3と4と6の方が大事そうだが、では下線と斜体はどちらが大事なのだろうか。

　資料の目的・結論・根拠が曖昧なまま、なんとなくあれもこれもと、強調しているとこのような混乱が生じる。

　色を調整する前に、資料そのものを直すことが先決だ。

図表 5-2：太字・下線・斜体・青字が混在している資料

X社の事例紹介

・最新ITサービスAを導入（2020年）

・ITサービスAの活用により、商品の在庫管理を効率化

・サービスAの社内活用促進のために、ITスペシャリストを設置し、浸透に努める

・ITスペシャリストによりサービスAのパソコンへのインストール方法を説明する

・利用方法説明のために対面の説明会を実施し、
　全社員必須参加にすることも検討

・*サービス利用中に英語のエラーメッセージの意味が分からない*課題に対しては
　英語の自動翻訳ソフトを利用することで対応

・X社の業務効率を40％改善し、間接業務の人員を削減

・調達費用を2億円削減

・弊社からサービスAを購入の場合は、初期コンサルティング費用が無料

図表 0-3：部下の提出資料（改善例）枠線あり

提携候補先の1社への絞り込み
**D社が有力な候補。十分な事業規模を持つうえ、
自社と協力し、ターゲット顧客に販促施策を実施できるため**

提携可否	社名	事業規模は十分か？（100億円以上）	ターゲット顧客が同じか？	相手のニーズを満たせる可能性はあるか？	
				相手が求めること	自社が提供できるか
可	シェアオフィスD社	○ 800億円	○ リモートワークをする企業の会社員	シェアオフィスを利用するたびに、新しい情報や体験を顧客に提供したい	○ オフィスの個室に、ボールペンとノートを設置し、メモしやすい環境を提供
不可	カフェC社	○ 800億円	○ 日中に仕事をしたい会社員	PCやスマホなどのデバイス用の充電方法（貸し電池、アダプタ貸出）を提供したい	× デバイスは自社の製品・サービスラインナップの対象外
	ホテルA社	○ 1,000億円	× 地方からの観光客	環境にやさしい部屋作りのために、メモ帳や紙での案内を部屋から撤廃したい	× 紙を撤廃するため、ボールペンを部屋に置くことが困難
	カフェB社	○ 500億円	× 休日の息抜きをしたい大人	パソコンなどの仕事を想起させるものを店内から除きたい	× 仕事向けのボールペンが自社の商品であり、相手の意向と合致しない

余分な罫線をなくす

　構造が複雑になって、ボックスや罫線が多くなったら、余白を使って情報を区別するようにする。例えば、図表0-3の罫線を少なくすることで、情報をそぎ落とし見やすくしていく（図表5-3）。

　このあたりは好みも分かれる部分ではある。人によっては、しっかり区別できる線があった方が心地よいと思う場合もある。そのため本書の例も

図表 5-3：部下の提出資料（改善例）枠線なし

提携候補先の1社への絞り込み
D社が有力な候補。十分な事業規模を持つうえ、自社と協力し、ターゲット顧客に販促施策を実施できるため

提携可否	社名	事業規模は十分か？（100億円以上）	ターゲット顧客が同じか？	相手のニーズを満たせる可能性はあるか？	
				相手が求めること	自社が提供できるか
可	シェアオフィスD社	○ 800億円	○ リモートワークをする企業の会社員	シェアオフィスを利用するたびに、新しい情報や体験を顧客に提供したい	○ オフィスの個室に、ボールペンとノートを設置し、メモしやすい環境を提供
不可	カフェC社	○ 800億円	○ 日中に仕事をしたい会社員	PCやスマホなどのデバイス用の充電方法（貸し電池、アダプタ貸出）を提供したい	× デバイスは自社の製品・サービスラインナップの対象外
	ホテルA社	○ 1,000億円	× 地方からの観光客	環境にやさしい部屋作りのために、メモ帳や紙での案内を部屋から撤廃したい	× 紙を撤廃するため、ボールペンを部屋に置くことが困難
	カフェB社	○ 500億円	× 休日の息抜きをしたい大人	パソコンなどの仕事を想起させるものを店内から除きたい	× 仕事向けのボールペンが自社の商品であり、相手の意向と合致しない

両方のパターンを使っている。

　第3章で示したマーケティングの4Pを使った資料も、罫線をしっかり使ってボックスを示すバージョン（図表3-18）よりも、ボックスの線をなくして、余白と最低限の罫線を使ってボックス間の差を表す方（図表5-4）が好みの方もいる。

　原理原則、色や線などの情報をそぎ落としても伝わるのであれば、そぎ落としてもよい、と思っておくとよいであろう。

図表 3-18：マーケティングの 4P 資料（枠線あり）

競合と比較した際のマーケティングの問題点

販売チャネルと販促方法に大きな違いはないが、商品の改定をしていないために、販売価格水準が競合よりも下がっている

マーケティングの4Pの視点で自社と他社を比較

	自社	他社	比較結果
Price	・過去5年95円で販売	・2年前から100円で販売	・競合より5%価格が低い
Promotion	・昨年よりEC利用を促すために、アプリ会員割引クーポン配布	・同左	・自社と競合の施策に差はない
Place	・コンビニエンスストアを中心に販売していたが、2年前より、ECでの直販を開始	・同左	・自社と競合の施策に差はない
Product	・過去5年間、定番の炭酸水のみを販売	・2年前に炭酸水を廃止し、レモンフレーバーの炭酸水に集中	・競合は古い商品を守る自社と異なり、古い商品をなくし新商品に集中

出所：××

図表 5-4：マーケティングの 4P 資料（枠線なし）

競合と比較した際のマーケティングの問題点
販売チャネルと販促方法に大きな違いはないが、商品の改定をしていないために、販売価格水準が競合よりも下がっている

マーケティングの 4P の視点で自社と他社を比較

	自社	他社	比較結果
Price	・過去 5 年 95 円で販売	・2 年前から 100 円で販売	・競合より 5％価格が低い
Promotion	・昨年より EC 利用を促すために、アプリ会員割引きクーポン配布	・同左	・自社と競合の施策に差はない
Place	・コンビニエンスストアを中心に販売していたが、2 年前より、EC での直販を開始	・同左	・自社と競合の施策に差はない
Product	・過去 5 年間、定番の炭酸水のみを販売	・2 年前に炭酸水を廃止し、レモンフレーバーの炭酸水に集中	・競合は古い商品を守る自社と異なり、古い商品をなくし新商品に集中

出所：××

縦横軸の構造ができていれば
グラフも配置できる

定量情報をかっこよく、グラフで示すために、複雑な面グラフやウォーターフォールチャートの書き方に目が行く人がいるが、そうしたグラフに目が行く前に、基本の縦横軸の配置のルールに慣れるとよい。

基礎的な事例で原則を復習

シンプルな事例で復習もかねて原則を振り返ろう。競合と自社の営業利益率を比較する資料だ（図表5-5）。

診断項目①　目的が書かれているか？：YES
　競合の方が営業利益率が高い原因を知りたいという具体的な目的がある。具体的な原因は何か？　と質問形式にも目的が書き換えられることも良い目的設定の証拠だ。

診断項目②　結論が書かれているか？：YES
　競合の方が販管費が低いという結論が文章で書かれている。

診断項目③　根拠が書かれているか？：YES

図表 5-5：財務情報で作る簡易事例

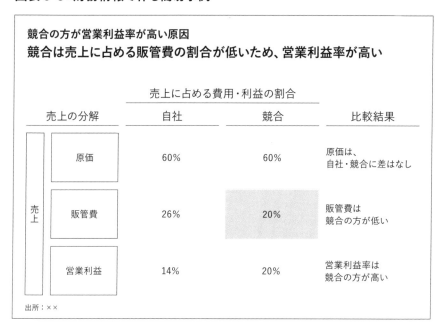

競合の方が営業利益率が高い原因
競合は売上に占める販管費の割合が低いため、営業利益率が高い

売上に占める費用・利益の割合

売上の分解		自社	競合	比較結果
売上	原価	60%	60%	原価は、自社・競合に差はなし
	販管費	26%	20%	販管費は競合の方が低い
	営業利益	14%	20%	営業利益率は競合の方が高い

出所：××

　結論に合わせて、縦軸を売上の分解（原価、販管費、営業利益）にして、横軸に自社と競合を配置することで、コストと利益の比較がなされている。しっかりと、数字が中に記載されることで、原価の比率は変わらないが、販管費が競合の方が低いことが分かる。

図表 5-6：注意点の記載

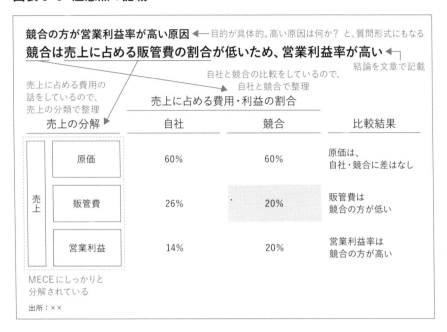

根拠の部分は縦横軸がしっかりと切れれば、定量情報の場合はグラフにもなる。図表5-7は縦軸と横軸が全く同じ構造になっているのが分かるであろう。

　見た目を先行させてグラフを使うのでなく、ルールを守れば自然と使うグラフが分かってくる。面グラフやレーダーチャートなどをかっこよく使いたい衝動に駆られると思うが、まずは、棒グラフ、積上げ棒グラフ、折れ線グラフ、散布図、といった基礎的な表現に慣れることを優先した方が

図表 5-7：財務情報で作る簡易事例（グラフ）

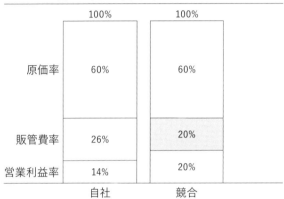

競合の方が営業利益率が高い原因は何か？
競合は売上に占める販管費の割合が低いため、営業利益率が高い

売上に占める費用・利益の割合比較

	自社	競合
	100%	100%
原価率	60%	60%
販管費率	26%	20%
営業利益率	14%	20%

出所：××

よい。

　以降、各種グラフの種類を補足的に添えておく。

図表 5-8：グラフにする前の図表

A工場の事故は増えているのか？
2017年度をピークに低下傾向であり、
直近5年は30件程度に落ち着いている

A工場の事故の年度別推移（件数）

	2015	2016	2017	2018	2019	2020	2021	2022
A	24	43	56	31	34	34	34	33

出所：××

縦1軸、横複数軸

　まずは、縦が一軸で横が複数の場合だ（図表5-8）。これは主に時系列でモノを示したい場合に多い。棒グラフ（図表5-9）や折れ線グラフ（図表5-10）に変換できる。

図表5-9：グラフにした後の図表 棒グラフ

A工場の事故は増えているのか？
2017年度をピークに低下傾向であり、
直近5年は30件程度に落ち着いている

A工場の事故の年度別推移（件数）

56

43

34 34 34 33

31

24

2015 2016 2017 2018 2019 2020 2021 2022

出所：××

図表 5-10：グラフにした後の図表 折れ線グラフ

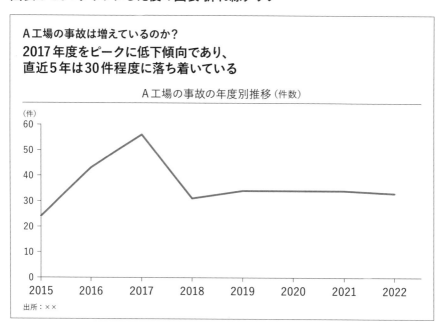

A工場の事故は増えているのか？
2017年度をピークに低下傾向であり、直近5年は30件程度に落ち着いている

A工場の事故の年度別推移（件数）

(件)

出所：××

図表 5-11：グラフにする前の図表

経年で見るとA工場とB工場のどちらが事故が多いのか？
B工場の方が事故が多い。
2017年度を除き、常にB工場がA工場の事故数を上回っている

工場別事故の年度別推移（件数）

	2015	2016	2017	2018	2019	2020	2021	2022
A	24	43	56	31	34	34	34	33
B	50	51	56	60	61	60	65	68

出所：××

縦複数軸、横複数軸

　例えば、前掲の資料が上記のように工場間の事故数を比較した資料になったとしよう（図表5-11）。

　こちらは、縦軸が増えているのだから、折れ線グラフの凡例を増やすことで対応できる（図表5-12）。

図表 5-12：グラフにした後の図表

経年で見るとA工場とB工場のどちらが事故が多いのか？
B工場の方が事故が多い。
2017年度を除き、常にB工場がA工場の事故数を上回っている

工場別事故の年度別推移（件数）

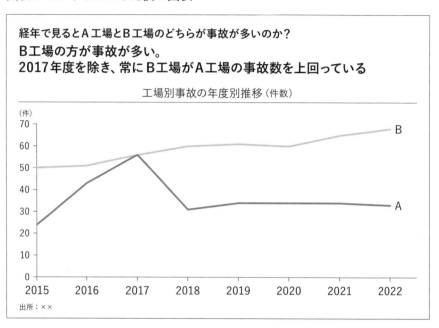

出所：××

図表 5-13：グラフにする前の図表

経年で見るとＡ工場とＢ工場のどちらが事故の発生に影響しているのか？
2017年度を除いて、Ｂ工場の方が全体に占める事故発生の割合が高い

工場別事故の年度別推移 (件数と比率)

		2015	2016	2017	2018	2019	2020	2021	2022
件数	A	24	43	56	31	34	34	34	33
	B	50	51	56	60	61	60	65	68
	合計	74	94	112	91	95	94	99	101
割合(%)	A	32	46	50	34	36	36	34	33
	B	68	54	50	66	64	64	66	67
	合計	100	100	100	100	100	100	100	100

出所：××

　さらにこの資料が、事故全件数に対してどちらの工場の方が占める割合が高いのかを示すように資料が図表5-13のように変わったとしよう。

　これは積上げ棒グラフで示すことができる（図表5-14）。

　この資料はグラフ化すると、とても分かりやすくなると気付くであろう。グラフは数字を覚えながら比較するという手間を省いてくれるものなので、縦横の軸の中に数字が多い場合はグラフを使ってみよう。

図表 5-14：グラフにした後の図表 積上げ棒グラフ

経年で見るとA工場とB工場のどちらが事故の発生に影響しているのか？
2017年度を除いて、B工場の方が全体に占める事故発生の割合が高い

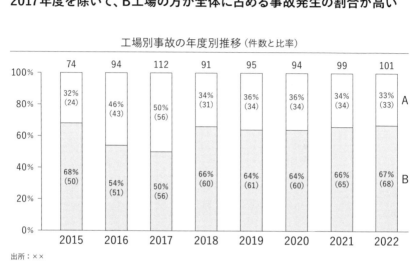

工場別事故の年度別推移（件数と比率）

出所：××

図表5-15：グラフにする前の図表

X商事の中で最も成長している事業はどれか？
A事業が最も売上成長率が高く、利益も最高水準であり、
X商事の成長株である

X商事のポートフォリオ

	A	B	C	D	E	F	G	H	比較結果
売上成長率(%)	10	9	7	7	6	8	5	4	A事業が最も高い
利益率(%)	15	10	11	12	14	13	12	11	同上

出所：××

　さらに、軸が増えていって、より複数の対象を、複数の指標で比較してみよう。例えば図表5-15のような資料ができたとしよう。

　グラフにした後の図表は、複数の項目を2軸で比較しているので散布図になる（図表5-16）。

図表5-16：グラフにした後の図表 散布図

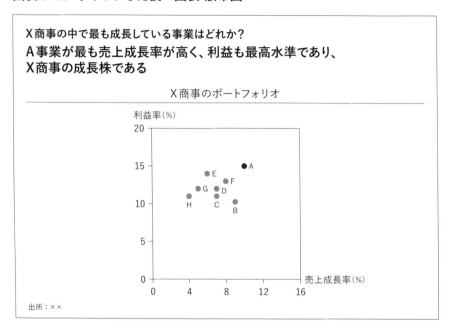

X商事の中で最も成長している事業はどれか?
A事業が最も売上成長率が高く、利益も最高水準であり、
X商事の成長株である

X商事のポートフォリオ

利益率(%)

売上成長率(%)

出所：××

　グラフにする前の図表には、比較結果の定性的なコメントがある。グラフの上に吹き出しなどをつけるよりも、なるべく、グラフにしたからには視覚的にコメントを表せないかを考えよう。例えば補助線を入れてあげることで、どちらの軸においてもAより高い水準にある事業がないことが分かる（図表5-17）。

図表5-17：グラフにした後の図表 散布図（補助線付き）

X商事の中で最も成長している事業はどれか？
A事業が最も売上成長率が高く、利益も最高水準であり、
X商事の成長株である

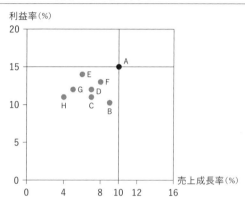

X商事のポートフォリオ

出所：××

図表5-18：部下の提出資料（改善例）一部グラフ化

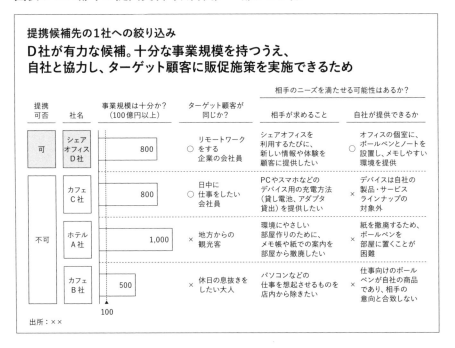

グラフの応用編は、定量・定性情報が併記されている場合だ。根拠に定量・定性情報が併記されている場合は、定量情報部分をグラフにすることで、見やすさを改善してくれる。例えば、文房具屋の資料も、売上の数値をグラフにし、基準となる線を入れることで視覚的に各社が基準を超えていることをアピールできる（図表5-18）。

エピローグ

　冒頭のケースを思い出していただきたい。あなたはもう、部下に対して「うーん、ちょっと分かりにくいからさ、分かりやすくしておいてよ」とは言わないはずだし、関係する部署に対してもどんな資料が必要なのか、目的を明確に伝えられるはずだ。

　改めて、学んできたことを踏まえて、あるべき資料作成のフローを整理しよう。

　まずは、資料作成の指示を出す側であるあなたが、目的・結論・根拠の構成案を早々に作る必要がある。会議で決めたいこと・議論したいことは何なのか、目的を改めて考えて資料の結論とそこに至る根拠の構成案を作る（図表6-1）。

　会議の目的が本当に理解できているか、自分の結論の方針に不安があれ

図表 6-1：資料の構成の示し方

目的	結論	検証方法（縦横軸）	担当	期限
……	……	……	……	……
……	……	……	……	……
……	……	……	……	……
⋮	⋮	⋮	⋮	⋮

ば、必要に応じて、意思決定者や専門家の意見を聞いて、資料の構成案に大きなエラーがないかを事前に整理しておく必要がある。ここまできて初めて、各担当者に資料作成を依頼する。部下も、資料を依頼される関係部署も具体的にどんな資料が必要なのかが分かるであろう。

　ここまで準備しても、"残念な資料"が生まれてきてしまう。当初想定した目的や結論と異な分析結果が出てきたり、あるいは、そもそもあなたの指示が曖昧でうまく資料作成が進まないことが頻繁に起きてしまう。

　残念な資料を直すためには、①目的がない、②結論がない、③根拠がない、の３つのどの残念な状況に当てはまるかを見極め、修正していく。

　３つのどの症状であるかによって修正のステップは異なるが、①目的がない資料、②結論がない資料に対しては、「資料の中で最も伝えたい部分に線を引く」ことが修正のはじめの一歩だ。些細なアクションに見えるかもしれないが、是非やってみていただきたい。筆者は同じ質問をおそらく、数千の単位で様々な方にしてきたが、すぐに線が引ける人の割合は小さい。悩んだ結果として線が引かれた場所が、結論に相応する文章のはずだ。

　③の根拠がない資料は、根拠を整理する縦横軸の設定ができていない場合がほとんだ。結論に至る論理が横軸にくる。例えば、「既存顧客の数が下がっているので、売上が減った」などの、原因と結果の順番で結論を話しているのであれば、横軸は原因と結果だ。縦軸には、物事の分類がくるので、既存顧客と新規顧客の分類がされているはずだ。

図表 3-9：資料の修正ステップ（再掲）

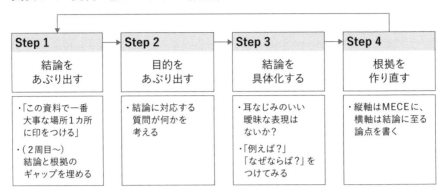

　残念な資料が丁寧に修正されていけば、１枚１枚の目的・結論・根拠が明確になり、主張が絞られてくるので、資料にいくつも色や強調（太字・下線・斜体）が出てこない資料になっているはずだ。

　このように資料を作り、修正し続けるプロセスには根気がいる。だからこそ、ここまでのプロセスをこなせるようになれば、あなたはきっと組織で重宝される人材になるはずだ。

筆者紹介

丸 健一（まる・けんいち）

2009 年、一橋大学公共政策大学院卒、野村総合研究所入所。2023 年現在、コンサルティング事業本部、人材育成担当。日系大手企業の企画立案、実行支援業務に携わってきた中で、コンサルティングスキルの移転プロジェクトを多く手掛けるようになり現職に着任。慶應義塾大学卒、ロンドンビジネススクール MBA、ジョージア工科大学 MSA（2023 年夏卒業見込）。

ロジカル資料　作成トレーニング
コンサルタントが必ず身につける定番スキル

2023年7月3日　第1版第1刷発行
2024年10月28日　第1版第2刷発行

著　者	丸健一
	©Kenichi Maru, 2023

発行者	中川ヒロミ
発　行	株式会社　日経BP
発　売	株式会社　日経BPマーケティング
	〒105-8308　東京都港区虎ノ門4-3-12
	https://bookplus.nikkei.com

装　丁	山之口正和（OKIKATA）
本文デザイン	野田明果
本文DTP	朝日メディアインターナショナル
印刷・製本	中央精版印刷株式会社
編集担当	永野裕章

ISBN978-4-296-00162-0
Printed in Japan